JEAN-PHILIPPE THIELLAY

T0152415

L'OPÉRA,
S'IL VOUS PLAÎT

Plaidoyer pour l'art lyrique

Paris
Les Belles Lettres
2021

www.lesbelleslettres.com
Retrouvez Les Belles Lettres sur facebook et Twitter

ISBN : 978-2-251-45090-2

« *Une fièvre légère*
Une légère gêne
L'opéra
L'opéra
S'il vous plaît
Une fête paysanne
Des masques d'oiseaux
Des chants d'oiseaux
Des cris d'oiseaux
Un arbre faux
Des plumes
Et devant au premier rang
Un président »

Bertrand Belin, « L'opéra »,
in *Persona*, Wagram Music, 2019.

« *Wandel und Wechsel liebt, wer lebt* »
« Tout ce qui vit aime le changement »

Wagner, *Das Rheingold*,
Wotan, scène 2.

À Alfredo, Anna, Benjamin, Chris, Elīna, Fritz, Giacomo, Gwyneth, Joan, Jonas, José, Juan-Diego, June, Karine, Lawrence, Lella, Leo, Leonie, Lisette, Luciano, Ludovic, Maria, Martine, Marylin, Michael, Olga, Piero, Roberto, Rockwell, Samuel, Thomas, et quelques autres, en témoignage de mon admiration et de mon infinie gratitude.

Et si l'art lyrique, en France et dans le monde entier, ne se remettait pas de la crise sanitaire inouïe que le monde a affrontée à partir du début de l'année 2020 ? Et si le Palais Garnier devenait un musée, loué occasionnellement pour des assemblées générales et les réceptions huppées de sociétés du CAC 40 ? Et si on ne donnait plus de temps en temps, dans les opéras de France, que quelques *Traviata* et autres *Carmen*, déjà vues mille fois, avec des mises en scène attrape-touristes ? Et si un président de la République et sa majorité, incultes, démagogues, obsédés par la dette publique, ou un peu tout cela à la fois, arrivaient un jour au pouvoir et coupaient définitivement les subventions ? Et si des élus locaux décidaient, dans leurs villes, que financer ce loisir pour les vieux riches blancs de centre-ville ne se justifiait plus ?

Politique-fiction ? Hélas, l'art lyrique peut disparaître, corps et biens, c'est une certitude. Je suis inquiet.

En 2020 et 2021, les théâtres lyriques du monde entier ont fermé pendant de longs mois à cause de l'épidémie de Covid-19 et ont souvent annulé toute leur saison ; la plupart des grands festivals du monde ont été rayés des agendas, parfois pour la première fois de leur histoire ; de nombreux artistes lyriques ont perdu toute source de revenus et les médias se sont fait l'écho de reconversions dans la livraison à vélo de repas et de colis.

La crise a pourtant commencé bien avant la pandémie et le pronostic sur l'état de santé du patient était, déjà, très réservé : les économistes qui se sont intéressés aux modèles de production lyrique ont, depuis plusieurs décennies, pointé leurs faiblesses intrinsèques liées à la hausse irrémédiable des coûts ; le public, gentiment vieillissant, se voit proposer, en ville et en ligne, une offre quasi infinie de spectacles et de divertissements face à laquelle l'art lyrique, qui multiplie les conventions, les pratiques et les codes aux antipodes de ceux prisés par le monde contemporain et la génération Z, est en délicatesse ; les plus jeunes, déjà rarement abonnés aux opéras, achètent leurs billets de plus en plus tard, lorsqu'ils le font seulement, et préfèrent la consommation culturelle en ligne ; de nombreux dirigeants d'opéras partout dans le monde, soit qu'ils se bornent à reproduire les recettes du passé, soit qu'ils adoptent des positions avant-gardistes incompréhensibles, n'ont guère fait évoluer leurs pratiques ; isolés dans leur tour d'ivoire et drogués à la subvention, ils n'ont pas encore ressenti le besoin d'une remise en cause profonde ni, surtout, celui d'aller vraiment chercher un public différent et, ainsi, préparer l'avenir. Cette passivité mortifère masque, malheureusement, les efforts de certaines maisons et, parfois, les résultats formidables qu'elles atteignent, avec toujours moins de moyens.

Quant aux politiques publiques, étatiques et locales, en France tout particulièrement, elles ont cessé d'exprimer une ambition pour l'art lyrique, ont coupé dans les budgets et, lorsque c'était possible, ont de plus en plus compté sur le mécénat pour assurer leurs fins de mois, sans jamais vouloir vraiment répondre à quelques questions existentielles : veut-on encore de l'opéra ? Pour quoi faire ? Avec quels moyens ? Pour quel public ?

À bien des égards, la crise du monde lyrique est emblématique de ce que vivent nos sociétés : quelle doit être la place de la puissance publique dans le spectacle et la création ? Quel doit être le rôle des mécènes dans la culture ? Comment la mondialisation peut-elle être une chance pour les opéras, non seulement pour développer leurs ressources mais, surtout, pour élargir des programmations sclérosées et promouvoir une plus grande diversité ?

L'heure de répondre à ces questions a sonné car dans peu de temps il sera trop tard.

Les opéras sont, aujourd'hui, moins immortels que jamais. Pendant des siècles, la puissance publique a porté à bout de bras les maisons d'art lyrique. La crise, les difficultés budgétaires, l'évolution de nos sociétés, les résistances au changement ont érodé la capacité et sans doute la volonté des États, des régions, des communes de mettre beaucoup d'argent dans un genre véhiculant une image surannée et vieillotte, et réservé *de facto* aux riches blancs diplômés, quinquas ou plus.

Maintenant que les difficultés économiques sont objectivement là, à un degré inimaginable il y a encore quelques années, il ne reste plus que l'arrivée au pouvoir de majorités moins intéressées par l'art lyrique pour que le danger se concrétise, à Paris comme en région, en France comme dans le reste de l'Europe, pour que les opéras ferment pour de bon. Pour les maisons les plus prestigieuses, pour les théâtres les plus beaux, une programmation cache-misère pourra se limiter à quelques titres commerciaux. Ailleurs, le désert lyrique menace.

Mais, si l'opéra se réinvente, si les maisons lyriques continuent pour certaines, commencent pour d'autres, à proposer de nouvelles formes, à bâtir une nouvelle relation avec le public et à aller chercher de plus en plus loin leurs spectateurs, notamment chez les jeunes, alors tous les espoirs sont permis d'autant plus que, contrairement à ce que disent les nostalgiques, de très nombreux jeunes chanteurs talentueux et bien préparés, un peu partout dans le monde, sont prêts à reprendre le flambeau. L'art lyrique doit être plus que jamais à l'écoute de nouvelles formes d'art, de nouveaux modes d'expression et de nouveaux artistes. Il est un lieu très adapté, il est même peut-être le lieu par excellence, pour divertir bien sûr, mais aussi pour donner à voir, à entendre, à réfléchir sur les grandes questions de notre époque et en particulier sur celle de l'identité de nos villes, de nos pays, sur les existences individuelles également, autour des questions de sexe, de genre, d'origine. L'opéra a l'ardente obligation de se projeter vers les déserts culturels ou vers ceux qui estiment n'avoir rien à faire avec Cavalli, Mozart, Meyerbeer, Wagner, Stockhausen et Dusapin. En somme, dirait un géographe, les opéras doivent redevenir des hyper-lieux, non comme ils l'étaient au xixᵉ siècle où ils accueil-laient la bonne société tout en développant une culture populaire, mais au sens où ils peuvent l'être au xxiᵉ, croisant le théâtre, toute la musique, toutes les dramaturgies, toutes les images et tous les textes, avec la voix et le chant en facteur commun.

La tâche est redoutablement difficile. Sur un plan écono-mique, des investissements importants sont nécessaires et le soutien de la puissance publique, direct ou indirect, sera, toujours, indispensable. Connaît-on un seul opéra privé qui gagne de l'argent et qui serait donc susceptible d'attirer des investisseurs ? Le changement le plus important est culturel. L'opéra doit pleinement s'insérer dans ce que certains ont appelé « l'économie de l'attention » à la suite des travaux pionniers de Herbert Simon (1971) et de Georg Franck (1998). Cette « *attention economy* », à l'heure des réseaux sociaux et des plateformes vidéo ou de *streaming* qui apportent la culture à domicile, sans même parler de l'économie des loisirs, des sports et du divertissement, est très fortement concurren-tielle. L'art, et tout particulièrement l'opéra, ont des atouts forts qu'il faut valoriser : « [Le spectacle vivant] constitue la voie royale pour produire de l'attention dans une société de l'information saturée de messages et d'images. Il n'est pas décoratif, il est performatif » (Yann Moulier-Boutang, « Art et capitalisme cognitif », *L'Observatoire*, 2010). La force de la voix, l'attraction de grandes stars, la magie de la scène, la beauté intrinsèque de certaines œuvres, celle de la plupart des salles, les créations contemporaines réussies enfin, peuvent « performer » et sauver l'opéra.

Si l'opéra ne parvient pas à relever ce défi, il risque de mourir. Il est de la responsabilité de ceux qui gouvernent la musique et l'art lyrique d'opérer cette mutation existentielle.

Aussi, pour que la crise de la Covid, gravissime, ne vienne pas donner l'estocade et mettre un point final à une glorieuse histoire pluricentenaire, les pages qui suivent ont été dictées par la passion, par un parcours personnel et donc par une subjectivité assumée : certains faits et certaines données chiffrées sont là ; mais, comme toujours en matière artistique, les goûts, les jugements, les intuitions et les convictions sont en large partie discutables.

L'objectif est de tirer au clair les causes du mal et les conséquences de la situation actuelle, de faire débat, et, au cinquième acte, de tracer des pistes pour qu'un futur lyrique soit encore possible. Elles existent : au-delà de la maîtrise des coûts et de l'invention de nouvelles recettes, nécessaires mais pas suffisantes compte tenu de la nature des difficultés, l'art lyrique doit surtout se réinventer, bâtir une nouvelle relation avec le public pour qu'il franchisse encore et encore les portes des théâtres, démontrer que cette forme d'art géniale est adaptée à notre temps… et ainsi parvenir à justifier auprès de la puissance publique, étatique ou locale, un soutien financier indispensable. C'est à ces conditions que ce soutien sera confirmé et que les opéras ne fermeront pas.

Comme le dit l'Évêque en imposant les mains sur la tête de Roland de Blois à l'acte 3 d'*Esclarmonde*, l'opéra de Jules Massenet : « Il perd son âme ! Il faut le sauver ! Il est temps[1] ! »

---

1. Le fait que Roland, dont parle le Grand Prêtre, finit, au dernier acte, par gagner le tournoi et emporte la main de la belle inconnue, Esclarmonde, qui se trouve être sa bien-aimée, ne doit, à ce stade du raisonnement, pas être surinterprété et assimilé à un optimisme excessif.

PROLOGUE :
« *Opéraddict* »

Février 1978, une *Carmen* marseillaise...

Tout a commencé un dimanche après-midi, à Marseille, à l'opéra municipal, à quelques pas du Vieux-Port et de la Canebière. C'était précisément en février 1978 et cette représentation de *Carmen* est restée gravée dans ma mémoire alors que je n'avais pas encore 8 ans. Sandra Browne, une mezzosoprano trinidadienne impressionnante sur scène, chantait le rôle-titre. Vingt ans après les débuts au Metropolitan Opera de New York de la soprano afro-américaine Marian Anderson, confier Carmen à une artiste noire n'était pas banal, même dans le premier port de la Méditerranée. Don José était Albert Lance, Escamillo Robert Massard peut-être, et la mise en scène, sans doute très traditionnelle, était signée Louis Ducreux, homme de théâtre marseillais, acteur, auteur, ancien directeur de l'opéra municipal, mais aussi de ceux de Monte-Carlo et Nancy.

Je me rappelle les deux places que mon père avait achetées, au parterre, à jardin – c'est-à-dire à gauche en regardant la scène –, aux environs du dixième rang. Mes parents étaient eux-mêmes abonnés au deuxième balcon, celui de la classe moyenne et des profs, loin de l'orchestre, trusté par les avocats, médecins et industriels marseillais. Saison après saison, ils occupaient les mêmes places, non loin de leurs amis et d'un oncle maternel ; au gré des déménagements ou des décès de spectateurs mieux placés, une progression vers de meilleures places était envisageable. En choisissant le parterre, sans doute mon père avait-il voulu, ce jour-là, me réserver les conditions les plus favorables pour que j'apprécie ce qui avait toujours été chez lui une passion : nous avions souvent droit lors des réunions familiales au récit des après-midi des années 1950 qu'il passait à chanter avec une proche parente professeure de chant ; mais je ne l'ai jamais entendu[1]. Alors âgé de 47 ans, mon père était assis à ma droite. À ma gauche, avait pris place une petite dame déjà assez âgée. À partir de la première scène et sans cesser ensuite, elle s'est mise, tout au long des quatre actes de l'opéra de Bizet qu'elle connaissait donc par cœur, à murmurer les paroles quelques fractions de seconde avant les chanteurs sur le plateau. Expérience déroutante et franchement dérangeante. Mon père, pas du genre à s'écraser, a passé tout l'après-midi à essayer de la faire taire, en vain. J'imagine le jeune garçon que j'étais pouffer, incapable de fixer son attention sur ce qui se passait sur scène. J'aurais pu, pour le restant de mes jours, moquer cet art curieux où l'on chante à tue-tête pour faire taire ses compagnons d'armes, où on annonce pendant cinq bonnes minutes qu'il faut partir à toute vitesse et où, quelques secondes avant de mourir d'une grave maladie pulmonaire, la soprano, bien vaillante encore, se lance dans un air très difficile.

Mais non. Cet après-midi-là a changé ma vie et je souhaite à tous les parents de réussir à faire un aussi beau don à leurs enfants. Que sont, face à cela, les cadeaux bien matériels que l'on s'échine à trouver à chaque anniversaire ou à Noël ?

---

1. Un enregistrement sur bande magnétique de l'air de la fleur, dans *Carmen* justement, appartient à la mythologie familiale… mais je n'ai jamais pu mettre la main dessus.

Emmenez donc vos enfants à l'opéra, dans une salle de concert ou au théâtre…

Pour le reste, je n'ai que des souvenirs imprécis de cette *Carmen*, du reste peut-être reconstruits par la consultation d'ouvrages et de photos. Curieusement, l'angle de vue de la scène, depuis mon fauteuil, reste bien gravé dans ma mémoire, comme la silhouette de Sandra Browne au moment de sa mort, puis devant le rideau, aux saluts. Pour le reste, sans doute du fait d'une identification facile, je me rappelle avoir été sensible au chœur d'enfants chantant « Avec la garde montante, nous arrivons, nous voilà » ; les bagarres entre Don José et Zuniga à l'acte 2, puis entre Don José et Escamillo au 3, avant le meurtre final du rôle-titre, ne pouvaient, quant à elles, que faire leur effet, d'autant plus que le ténor, à l'avant-scène, avouait ensuite son crime et son amour avec force sanglots dans un moment saisissant. À l'opéra aussi, il y avait donc de l'action ! Je ne suis en revanche pas certain d'avoir perçu ce que Carmen pouvait véhiculer comme message sur les relations entre les femmes et les hommes, sur la liberté, sur le rapport à l'ordre.

À partir de ce jour-là, grâce à l'abonnement familial, un véritable rituel s'est instauré commençant avant le spectacle et se poursuivant bien après. D'abord, dès que le facteur la déposait dans la boîte aux lettres, il y avait la consultation de la brochure de la saison à venir, la découverte des spectacles programmés, l'inscription de petites croix à côté du nom de tel ou tel chanteur particulièrement apprécié et le renvoi du bulletin d'abonnement avec les chèques ; mon père n'hésitait pas, à l'inverse, à rayer d'un trait de plume rageur tel chanteur jugé inapte au rôle que la direction lui promettait. Il n'était alors pas question de ne choisir que deux ou trois spectacles comme c'est possible aujourd'hui : on était abonné ou pas… et les dates choisies étaient inscrites en lettres d'or dans les agendas, avec des mois d'anticipation. Quelque temps avant le spectacle, la préparation s'intensifiait avec la lecture « du » Kobbé, du nom du critique musical américain auteur de *The Complete Opera Book* en 1919 traduit en français dans la collection Bouquins et sans cesse réédité[1] ou, mieux encore, de l'*Avant-Scène Opéra*.

L'écoute comparée des vinyles paternels et parfois aussi « La tribune des critiques de disques » sur France Musique, la plus ancienne émission de radio toujours diffusée, permettaient de se « mettre dans l'oreille » les airs et les passages les plus forts des œuvres. Grâce à cela, il était possible, au cœur de soirées parfois longues, de comprendre ce qui se passait, car il n'y avait pas de surtitres à l'époque, et de disposer de sortes de « points d'appui » dans la progression de l'œuvre. Cette école de l'écoute avait un très grand mérite intellectuel à mes yeux. Sans comprendre ni suivre mot à mot ce qui se disait, en particulier lorsqu'il s'agissait d'opéras russes ou tchèques, le jeune spectateur était ainsi encouragé à deviner, à faire siennes les émotions transmises par les acteurs/chanteurs, à jongler d'une phrase à l'autre, sans s'arrêter sur tel ou tel mot incompris. Il y avait là une stimulation intellectuelle extrêmement agréable et formatrice, pour peu que la soirée ait été un minimum préparée.

Enfin venait le jour J, celui de la représentation. J'ai dans le souvenir que tout était tourné vers le spectacle comme dans une procession quasi religieuse avant la célébration liturgique. Les heures de l'après-midi s'égrenaient dans un compte à rebours jusqu'au moment de quitter le domicile familial en direction de l'opéra municipal de Marseille. La sortie à l'opéra, sans exiger d'endimanchement, était tout de même l'occasion de s'habiller. Ma mère mettait une robe particulière ; mon père ne serait jamais sorti sans cravate. Une fois parvenus à l'opéra, les amis étaient dûment salués et la tension vers le lever de rideau pouvait aller vers son paroxysme, en particulier si quelques-uns des chanteurs les plus aimés du public marseillais figuraient dans la distribution, auquel cas on pouvait presque sentir la salle vibrer d'avance. Le premier violon se levait, le

---

1. Depuis la première édition en 2003, les *Mille et un opéras* de Piotr Kaminski (Ed. Fayard) sont désormais LA référence incontournable.

premier hautbois donnait le *la* à ses collègues et, au bout de quelques minutes d'un faux désordre sonore, le même que celui d'il y a cent ans, le même que celui de demain soir, le public faisait silence et formait une cohorte concentrée tournée vers le plateau ; le chef pouvait entrer et, après quelques applaudissements, le spectacle commençait enfin.

Encore aujourd'hui, rien ne me paraît plus beau qu'une salle de quelques centaines ou de quelques milliers de personnes, qui, au même moment, ensemble, écoutent, regardent le même spectacle et applaudissent dans un rituel festif analysé par Adorno et Leiris. Chacun, lesté de son bagage mental personnel, avec ses soucis, ses joies, sa fatigue, laisse ses pensées vagabonder ; aucun des spectateurs ne voit ni ne ressent la même chose, à strictement parler. Mais il y a là une expérience collective d'une force que jamais aucun appareil électronique ne pourra remplacer, sans même parler de l'impact physique du son sur lequel je reviendrai. Cela aussi participe de la magie des soirées au théâtre[1].

Une fois le spectacle terminé, le rituel se poursuivait souvent, rue Molière, à l'entrée des artistes, pour leur faire signer le programme de la soirée, les interroger sur leurs engagements des prochains mois et obtenir ainsi un scoop sur la programmation future, voire, bien longtemps avant le *selfie*, immortaliser le moment par une photo destinée à être imprimée puis dédicacée à la prochaine rencontre avec l'artiste, quelques mois ou quelques années plus tard ; parfois, avec un peu de chance, si le cerbère dans sa guérite n'était pas attentif, cette chasse au contact privilégié avec les vedettes lyriques pouvait même avoir lieu à l'intérieur du théâtre, dans

---

1. Le charme est parfois brisé par les papiers enrobant les bonbons de la voisine, la toux intempestive de monsieur, jamais au bon moment, la consultation irrésistible des textos, la dose déraisonnable de Numéro 5 de Chanel dont madame s'est aspergée à l'entracte ou encore le bruit de la trotteuse de la montre du spectateur de derrière. Liste certifiée exacte et non limitative...

les loges, avec un délicieux sentiment d'un interdit bravé. Le lendemain et les jours suivants, des débats familiaux infinis avaient lieu à propos des points forts et des défauts de la représentation et, toujours, avec l'écoute comparée d'enregistrements du passé.

Marseille était, à la fin des années 1970 et pendant une large partie des années 1980, une scène importante dans le monde lyrique, en France à coup sûr, et même à l'échelle européenne. Le théâtre, une régie municipale financée quasi exclusivement par la ville la plus endettée et la plus pauvre de France, est encore aujourd'hui, avec près de 1 900 places, le plus grand du pays après l'Opéra Bastille et le Palais Garnier. Inauguré quelques mois avant la Révolution française, le Grand Théâtre avait été largement détruit par un incendie, à la fin d'une répétition de *L'Africaine* de Meyerbeer, en 1919. La reconstruction, au début des années 1920, a légué à la ville une très belle salle Art déco. À l'époque dont je parle, le directeur était Jacques Karpo, metteur en scène formé aux côtés de Jean-Pierre Ponnelle qui avait gagné la confiance d'artistes internationaux aussi renommés que Leo Nucci, José Van Dam, Leonie Rysanek, entre beaucoup d'autres. Les mises en scène étaient d'un classicisme intelligent, l'orchestre et les chœurs plutôt moyens. Le public marseillais, volontiers tourné vers l'Italie et le grand répertoire, aimait et aime encore les stars et les chanteurs généreux, prompts à satisfaire les demandes de *bis*. Ce public sanguin était aussi toujours prêt à massacrer la carrière d'artistes qui lui déplaisaient. Dans mon souvenir, une fébrilité vibrante régnait dans le théâtre quelques minutes avant les premières mesures d'un *Trovatore* ou d'une *Tosca*. Celle de 1982, avec Raina Kabaivanska, Giacomo Aragall et Ingvar Wixell, reste encore dans les mémoires, comme les prestations de Leo Nucci, baryton milanais idolâtré et dont, en particulier, les *Rigoletto* sont entrés dans la légende. Le public, à l'époque, était très chaud, à tel point qu'un parallèle était parfois dressé entre le stade vélodrome et l'opéra municipal. Gaston Defferre aurait même dit que, pour être maire de Marseille, il fallait se montrer aussi souvent au stade qu'à l'opéra[1]... Je me rappelle que quelques malheureux chanteurs ont été sifflés au point qu'ils ont abandonné la carrière peu de temps après leur contrat phocéen.

Le poulailler, que l'on nomme ailleurs «amphithéâtre» ou «paradis», est en quelque sorte l'équivalent du «virage» dans les stades, où le prix des places est le plus abordable. Impossible à l'époque de réserver et de choisir sa place à l'avance : premier arrivé, premier placé. Le public devait faire la queue, quelques heures avant le lever de rideau, se présenter devant une petite ouverture dans le mur faisant office de guichet, puis monter l'escalier quatre à quatre jusqu'au dernier étage. L'objectif ? Atteindre, le plus vite possible, le premier rang au centre, où se trouvent les places les plus convoitées, celles où le son, qui monte, comme chacun sait, est le meilleur et où la vue n'est pas encore trop dégradée. Quelques rares spectateurs bénéficiaient du privilège d'une place attitrée, du fait d'on ne sait quelle tradition ou droit acquis. Je me rappelle un certain Antoine, vieux Marseillais buriné et édenté, aux revenus sans doute très modestes, que l'on trouvait toujours assis au premier rang du poulailler, avant même que les portes n'ouvrent, à chaque représentation. La file d'attente, côté rue Molière, à jardin, ou rue Corneille, à cour, était un lieu de socialisation et même de formation continue extrêmement efficace, autour des dernières actualités du monde de l'opéra et des échos des répétitions.

Très vite après cette *Carmen* fondatrice, la passion pour l'art lyrique a pris le dessus sur les autres activités possibles d'un adolescent provençal, sport et matchs de l'OM au Vélodrome compris. L'achat, très tôt, d'un Walkman Sony m'a permis d'enregistrer sur cassettes magnétiques tous les

---

1. Il aurait, c'est sûr, apprécié la «ola» qui s'est, réellement, déclenchée dans le poulailler de son opéra municipal un soir de mai 1997, après que Leo Nucci et Inva Mula eurent trissé le duo de la vengeance dans *Rigoletto*.

spectacles auxquels j'assistais, même plusieurs fois[1]. Cet investissement a été le point de départ d'un très actif trafic, à but non lucratif cela va sans dire. Il fallait d'abord enregistrer, ce qui imposait une certaine logistique, une bonne préparation pour adapter le choix des cassettes à la durée des actes et, en salle, une vigilance particulière : si, aujourd'hui, il semble que plus personne ne « pirate » dans les salles d'opéra – au bénéfice de la fausse impression que tout est disponible partout grâce à Internet –, les théâtres redoutaient à l'époque, non sans motifs, les enregistrements sauvages susceptibles d'être commercialisés ensuite par certains et de porter atteinte aux droits des interprètes. À l'Opéra d'État de Vienne, les ouvreurs montaient même ostensiblement la garde entre les rangs des *Stehplätze*, ces « places debout », peu chères. Des anecdotes, sans doute fausses, sur des confiscations de matériels étaient partagées avec frayeur à mi-voix par les pirates amateurs. Chaque semaine, des cassettes arrivaient chez moi de toute l'Europe, en provenance de correspondants également passionnés, en échange de l'envoi, en qualité et quantité peu ou prou équivalentes, d'enregistrements qu'ils avaient choisis sur une liste soigneusement dactylographiée et mise à jour semaine après semaine. Ces cassettes Sony, Maxwell, Memorex, TDK, engloutissaient tout mon argent de poche, comme, petit à petit, quelques déplacements vers des festivals ou des opéras comme Aix, Montpellier ou, plus loin encore, Bologne, Madrid, Pesaro, la ville natale de Rossini, dans la région italienne des Marches.

Quelques artistes ont cristallisé cette passion comme Alfredo Kraus, Leo Nucci, Martine Dupuy, Rockwell Blake,

---

1. Cette pratique fera sursauter les défenseurs, ô combien nécessaires, du droit d'auteur et des droits voisins... Je signale à toutes fins utiles que les faits sont prescrits. En tout état de cause, ils avaient été d'avance légitimés par Leyla Gencer, sublime soprano turque surnommée « la fiancée des pirates » : grâce à eux, et à eux seuls, quelques enregistrements permettent de l'écouter, en particulier dans ses plus grands rôles belcantistes tout au long des années 1950 et 1960.

June Anderson, Samuel Ramey, Chris Merritt, José Van Dam, Leonie Rysanek, Lella Cuberli, entendus régulièrement sur scène, mais encore Piero Cappuccilli, Robert Merrill et Fritz Wunderlich, grâce au disque. Avec quelques autres, y compris des chanteurs d'aujourd'hui, ils incarnent dans mon panthéon personnel ce que l'opéra peut apporter de plus fort au public : la générosité, la prise de risque, le panache, l'émotion. Je les ai attendus à la sortie des artistes, je les ai connus personnellement, pour certains. À tous, ces lignes veulent aussi dire un immense merci. Vous avez changé ma vie.

Plus tard, trop tard, j'ai commencé à chanter. Pendant plusieurs années, mon père m'avait dissuadé, au nom de la mue à venir qui rendait tout apprentissage inutile. La voix d'enfant est blanche, sans vibrato, et son placement est différent de la voix d'adulte, voix de poitrine appuyée sur le diaphragme et utilisant des résonateurs qui ne sont pas encore formés chez le jeune chanteur. Pendant plus de dix ans, l'étude de la flûte traversière, à défaut d'assouvir en quoi que ce soit ma passion pour la voix et au prix d'un ennui certain, m'a donné de bonnes bases musicales et un sens de la respiration basse très utile. L'école marseillaise de flûte traversière était vraiment forte, derrière mes concitoyens Jean-Pierre Rampal, Alain Marion, Maxence Larrieu et Jean Patero. C'est seulement vers 23 ans qu'une vieille professeure de chant à Marseille que m'avait conseillée une grande amie de mes parents, Andrée Monleau, professeure de musique et cheffe de chœur elle-même, m'a fait « découvrir » ma voix. Ce mot n'est pas trop fort tant la voix parlée est différente de la voix chantée. Je me rappelle encore la sensation extraordinaire, presque effrayante, ressentie au moment où la voix est « sortie », est allée se placer dans les résonateurs et a pris une force, une hauteur, une vibration impossible à deviner quelques secondes plus tôt, au point de procurer une sensation physique inouïe, proche de l'ivresse. Le seul point de comparaison qui m'est venu immédiatement à l'esprit, aussi surprenante qu'elle soit, est l'image d'Alien, le monstre du film de Ridley Scott qui, ouvrant la gueule, fait sortir de lui-même une seconde créature à la force décuplée. La comparaison est curieuse mais elle indique aussi que cette force, qui permet aux chanteurs de se faire entendre dans des salles gigantesques, doit être domestiquée, apprivoisée, domptée, guidée. J'ai bénéficié de l'enseignement de plusieurs maîtres, dont quelques-uns méritent d'être oubliés car ils faisaient courir à leurs élèves des risques techniques masqués derrière des certitudes idiotes («Tu as un don du ciel! Tu peux être la star des années 2000!»; variante: «Pour t'épargner de chanter dans la gorge et régler cette difficulté technique, tu vas désormais travailler le répertoire de basse...»). Quelques heures de travail, à Rome, en 2003, avec la grande Anita Cerquetti, fugitive rivale de Maria Callas, restent aussi dans ma mémoire. Mais deux enseignantes ont vraiment compté. En Italie, Lucrezia Raffaelli, qui avait étudié avec Alfredo Kraus et Ernst Haefliger, m'a enseigné la rondeur du son, la couverture qui permet le *legato*, la couleur italienne que je voulais dominante sur un timbre trop clair et trop français à mon goût. Surtout, pendant quinze ans, Marion Kilcher, professeure de chant dans un conservatoire d'Île-de-France, m'a aidé, pas à pas, à construire une technique, avec une rigueur extrême, mais aussi un amour passionné, généreux et humble de la musique et du phrasé. Ses leçons étaient une véritable épreuve physique et il n'était pas rare que, épuisé, je m'endorme dans le métro en rentrant. L'organisation de concerts publics réguliers, à Paris et à Rome surtout, l'élaboration de programmes, le travail avec des pianistes accompagnateurs, ont servi de moteur et de motivation. Le matin, je vérifiais que la voix était là; je souffrais pendant la période des pollens; j'apprenais les rôles au piano; j'y pensais en m'endormant... et en me réveillant. Trop âgé pour envisager de changer de voie et par ailleurs engagé dans une carrière tout autre, je me suis amusé à passer quelques concours de chant. J'ai, surtout, pris un plaisir intense à chercher, son après son, à construire l'instrument, à le peaufiner, à le polir... et à essayer de faire de la musique avec la voix, ce qui est encore bien plus compliqué. Cela m'a convaincu que chanter était un défi d'une incroyable difficulté, impliquant des remises en question permanentes et des doutes constants. J'y ai gagné une meilleure compréhension de la technique vocale ; j'ai surtout ressenti un immense respect pour les artistes qui en font leur métier et qui se mettent à nu devant des milliers de spectateurs. Cet apprentissage m'a aussi été ensuite très utile sur un plan professionnel lorsqu'il s'est agi de discuter avec un délégué du personnel au sujet du niveau d'une prime pour un artiste des chœurs invoquant la difficulté du rôle de l'Alcade dans *La Forza del destino* ou du prêtre dans *Moses und Aron*. Mes interlocuteurs pouvaient arriver dans mon bureau partition en main ; elle y était déjà.

À côté de la musique, j'ai toujours aimé profondément travailler sur les opéras, les chanteurs du passé, les compositeurs, le contexte historique dans lequel ils ont créé, lire, si possible dans leur langue, leurs mémoires, journaux et correspondances. Les éditions Actes Sud m'ont ouvert leur collection musicale et la publication de deux ouvrages avec mon père, sur Rossini et Bellini, a été une grande joie, prolongée avec un Meyerbeer. Les quelques années pendant lesquelles des revues m'ont confié la rédaction de critiques musicales, surtout à propos d'enregistrements belcantistes, m'ont permis d'approfondir cette connaissance du répertoire. Mais, à la posture du critique, je préfère décidément celle qui consiste à travailler avec les artistes et pour eux.

Pourquoi l'opéra ?

Une soirée, fin août 1988, à Pesaro. L'été est encore magnifique sur la côte Adriatique et la petite ville, divisée en deux entre la cité balnéaire et le centre historique, sorte de « Rossini *città* », avec le conservatoire Rossini, la maison Rossini, le théâtre Rossini, est en ébullition : ce soir, c'est la dernière représentation d'*Otello*, un opéra composé par le génie pésarais pour Naples en 1816. Rockwell Blake, Chris Merritt, June Anderson, c'est-à-dire les plus grands chanteurs belcantistes du moment, sont là, sous la baguette de Sir John Pritchard. La mise en scène et la scénographie de Pier Luigi Pizzi s'annoncent basiquement néoclassiques, mais élégantes. On est surtout là pour les chanteurs et aussi pour découvrir l'œuvre, largement méconnue. Le théâtre est plein depuis longtemps et seules restent disponibles quelques places au poulailler, attribuées par ordre d'arrivée des spectateurs qui s'autogèrent au moyen de petits cartons numérotés et à l'appel des présents, heure après heure. Grâce à mon train de nuit peu confortable mais ponctuel, mon numéro 16 me garantit une bonne place au paradis. Vers 19 h 30, un car de fans milanais arrive. « On ne veut rien savoir de votre système, on ne veut pas manquer cette dernière occasion de voir le spectacle. » Les portes s'ouvrent, on s'y engouffre, au risque de se faire écraser. La police observe avant de décréter que tout le monde doit sortir. Bousculades et cris, la vitrine de la billetterie, derrière laquelle j'avais imprudemment glissé mon avant-bras droit et quelques lires italiennes, ne résiste pas et vole en éclats, provoquant quelques blessures sérieuses sur les veines de mon poignet et un début de panique. Je revois encore la tête du médecin urgentiste à qui je disais qu'il pouvait faire ce qu'il voulait, et notamment me poser une bonne dizaine de points de suture, mais, surtout, que j'avais fait huit cents kilomètres et que je devais être dans le théâtre trente minutes plus tard… ce qui advint. La représentation, que j'ai suivie avec un énorme pansement autour de la main droite, reste un des plus grands souvenirs de ma vie de spectateur grâce aux variations hallucinantes de Blake dans l'air de Rodrigo, la force de Merritt, la grâce de June Anderson.

Le lendemain, *Il Resto del carlino*, quotidien local, titre « Rissa per Rossini, *un giovane francese all'ospedale* » (« Rixe pour Rossini, un jeune Français à l'hôpital »). Pour moi, plus qu'une envie de me plaindre de l'organisation défaillante, cet incident a créé un lien indissoluble, un lien de sang au sens propre, avec le festival Rossini auquel je suis retourné le plus souvent possible, notamment pour quelques incroyables conversations avec le maestro Alberto Zedda, chef d'orchestre et musicologue, personnage délicieux et acteur majeur de la « Rossini renaissance » des années 1970 au début du XXIᵉ siècle.

Trois ans à peine après le drame du Heysel qui avait endeuillé une finale de coupe d'Europe de football, et toute proportion évidemment gardée, cette anecdote pésaraise conduit à s'interroger : supporters de foot et fans d'opéra, même combat ? Y a-t-il des hooligans dans les travées des théâtres lyriques ? Qu'est-ce qui peut justifier de tels déchaînements ? Pourquoi seulement à l'opéra et pas au concert symphonique ou au théâtre ?

L'analyse des passions lyriques et, plus largement, de ce que l'opéra apporte à ses fans, pourrait justifier des thèses de philosophie, de psychologie, de psychiatrie même. Chacun a son explication de ce que l'art lyrique lui apporte. Pour Friedrich Nietzsche, la musique, en tout cas la bonne et celle de Bizet en particulier, rend l'esprit libre et « donne des ailes aux pensées. Plus on devient musicien, plus on devient philosophe » (*Le Cas Wagner*). Un sociologue de l'université de New York, Claudio E. Benzecry, s'est essayé à dresser le portrait-robot de différents types de passionnés fidèles du Teatro Colon de Buenos Aires dans un ouvrage au titre éloquent (*The Opera Fanatic. Ethnography of an Obsession*, 2011). Wayne Koestenbaum, poète et critique américain, s'est livré, avec un angle bien particulier, à *L'Anatomie de la folle lyrique* dans une démarche d'« anthropologie musicale » non dénuée d'humour. Pour le neurologue Oliver Sacks enfin, « même si une pincée de Mozart ne saurait faire d'un enfant un meilleur mathématicien » (*Musicophilia*), il ne fait pas l'ombre d'un doute que l'exposition régulière à la musique peut contribuer à développer des aires cérébrales et des compétences bien spécifiques.

Si les points communs sont évidents entre le passionné d'opéra, le groupie de popstar et le supporter de football – fanatisme, addiction, excès en tous genres –, comment expliquer la folie particulière qui caractérise l'opéraddict ou l'« opéralâtre », pour reprendre une formule jadis employée par Jean-François Revel ?

La première particularité de l'opéra comme genre artistique est aussi celle qui conduit à une infinité de réponses possibles : l'art lyrique est incroyablement varié ; il mobilise un grand nombre de pratiques artistiques – musique, chant, danse, théâtre, art graphique, vidéo… –, ce qui permet à chacun d'y trouver son bonheur… et un objet de fascination polymorphe. De l'opéra baroque inconnu donné par une petite formation sur instruments d'époque jouant plus ou moins juste, à la création contemporaine pointue, en passant par un *Nabucco* sonorisé au Stade de France ou aux arènes de Vérone, il y a autant de différences, sinon plus, qu'entre un *blockbuster* hollywoodien et un film de Rohmer.

Si l'on parle « du public » au singulier, la réalité est tout autre. Certains vont à l'opéra pour la musique, pour les mélodies que l'on trouve en particulier dans le grand répertoire, et pour l'alliance unique de la musique, des voix solistes, du chœur et de l'orchestre, ainsi que du théâtre avec ce que cela recouvre comme décors, costumes et accessoires. D'autres, sans doute la majorité, vont à l'opéra comme ils vont au théâtre, au cinéma, dans les musées. L'opéra est une sortie culturelle parmi d'autres. Enfin, surtout dans les grandes villes ou dans les festivals huppés, une partie du public sera sensible à ce moyen privilégié de voir et surtout d'être vu en compagnie des pontes du CAC 40 et de la haute administration à Paris, des notables régionaux au-delà du périphérique. Les cocktails d'entractes et autres dîners, y compris sur le plateau, espace sacré s'il en est, se sont multipliés, non seulement comme sources de recettes pour les opéras mais aussi comme lieux de socialisation pour ce public si particulier. Ces spectateurs bien placés ne connaissent, pour certains, peut-être pas grand-chose à l'art lyrique… mais ils jouent un rôle très important dans le modèle économique des théâtres lyriques du monde contemporain. « L'opéra… s'il vous plaît ! » avec « devant, au premier rang, un président », se moque gentiment le chanteur Bertrand Belin dans son album *Persona*[1].

Géographiquement non plus, le public n'est pas un. À Milan, Naples, Vienne, Paris, Londres, New York, Berlin, Saint-Étienne, San Diego, Buenos Aires, les attentes des spectateurs sont différentes. Ici, par exemple à Vienne, on retournera voir pour la énième fois la même mise en scène d'un grand titre, au motif que les rôles principaux sont assumés par de nouveaux chanteurs ; là, c'est la mise en scène et la production qui seront guettées car on privilégie le théâtre et la nouveauté. C'est habituellement ce qu'on dit du public parisien. Dans certains opéras de région, une politique volontariste, sur plusieurs années, arrive à nourrir l'intérêt du public pour des répertoires bien au-delà des grands titres.

Ma réponse à moi, éminemment subjective, repose d'abord sur la musique, la mélodie et la voix.

Certains, venus à l'opéra à partir du théâtre, seront sensibles à la force et à la progression du drame, à sa construction d'ensemble, à la caractérisation et à l'évolution des personnages, aux textes qui leur sont confiés. Ils préféreront le *Ring*, *Wozzeck*, *Pelléas et Mélisande* au *Trouvère* et au *Viaggio a Reims*. Mon parcours, ma découverte de l'opéra

---

1. Présidents ? Quels présidents ? Présidents de sociétés du CAC 40, d'établissements publics ou d'autorités administratives, sans doute. Quant aux présidents de conseil départemental, de conseil régional ou de la République, on ne peut pas dire qu'ils abusent des invitations au premier rang des opéras. Le dernier chef de l'État à avoir assisté à une représentation lyrique à l'Opéra de Paris semble être… Valéry Giscard d'Estaing à la fin des années 1970. Sans qu'il soit possible de tirer de conclusions constitutionnelles certaines, on notera que quelques Premiers ministres récents ont été sensiblement plus assidus.

dans une ville méditerranéenne, ma formation musicale, le hasard des rencontres, m'ont rendu plus immédiatement sensible à la mélodie et au rythme. Ce n'est pas un hasard si Gioacchino Rossini est mon compositeur fétiche. Pour lui, dans la lignée de la conception platonicienne des compositeurs florentins et de Monteverdi lui-même, la mélodie prend une importance croissante comme la virtuosité, à condition qu'elle ne soit pas gratuite et uniquement déterminée par la volonté d'épater mais qu'elle poursuive l'objectif d'émouvoir. La mélodie doit rendre significatives des situations et des paroles qui, en elles-mêmes, pourraient ne pas l'être, pour reprendre les termes de Rodolfo Celletti, grand spécialiste du bel canto. Stendhal en fait un des facteurs d'explication du succès planétaire de l'opéra italien qui parle à chacun, indépendamment du texte des livrets parfois bien faible. Reynaldo Hahn, compositeur et auteur des textes parmi les plus subtils consacrés à l'art vocal, l'exprime bien dans son ouvrage *Du chant* paru en 1920 : « La mélodie représente dans le chant l'élément surnaturel qui donne à la parole, aux mots, un surcroît d'intensité, de force, de délicatesse, de poésie, de charme ou d'étrangeté, par des moyens qui échappent en partie à l'analyse et dont nous subissons l'enchantement sans pouvoir bien nous l'expliquer. » Il n'y a pas qu'une affaire de sensibilité immédiate et d'hédonisme pur. Les ornementations et autres variations dans l'écriture belcantiste sont redoutablement difficiles à exécuter ; elles supposent aussi de l'auditeur une concentration et une capacité d'abstraction qui fait de Rossini un héritier de la tradition platonicienne de la musique. Tout cela – le sens mélodique, la beauté des lignes, le chant *legato*, l'intellectualisme du chant orné, la vigueur du rythme – a nourri ma passion pour l'opéra.

Quant à la voix, elle est pour moi l'instrument le plus miraculeux que l'on puisse imaginer. Il faut d'abord mesurer que la voix chantée n'a pas grand-chose à voir avec la voix parlée. L'appui sur le souffle et sur le diaphragme, muscle situé sous le thorax et difficile à « sentir » pour les non-initiés, et le timbre, c'est-à-dire l'utilisation des harmoniques offerts par les résonateurs crâniens, donnent une couleur, une puissance et un impact que l'on peine à imaginer lorsqu'on n'en a jamais fait l'expérience. En parlant, aucun artiste ne parvient à se faire réellement entendre au dernier rang du dernier balcon d'un grand opéra ou alors il y arrivera au prix d'une grande fatigue, voire d'une menace sur l'intégrité des cordes vocales qui ne sont pas faites pour hurler. En chantant, si sa voix est « bien placée », c'est-à-dire si elle peut émettre, éventuellement pendant plusieurs heures, des sons contrôlés plus ou moins puissants, en toute souplesse, le même pourra emplir de vastes vaisseaux, y compris en plein air. Si l'on ajoute à cela le phrasé et l'utilisation de la voix comme un archet d'instrument à cordes, on comprend que, pour le chef d'orchestre Seiji Ozawa, « avec les meilleurs chanteurs, la voix devient le plus expressif des instruments et avec des artistes comme Dietrich Fischer-Dieskau ou José Van Dam, aucun instrument ne peut rivaliser ».

L'émotion et le plaisir donnés par une voix viennent d'abord du timbre, c'est-à-dire de la qualité du son émis par un chanteur, lorsque ses cordes vocales, activées par le souffle, vibrent et produisent un son qui résonne naturellement dans la partie supérieure de la tête de l'artiste. Lorsqu'il parvient dans l'oreille de l'auditeur, ce timbre peut entraîner une réaction physique exceptionnellement forte, jusqu'à provoquer la chair de poule ou le jaillissement de larmes. Roland Barthes, dans *Le Grain de la voix* (1972), est allé jusqu'à évoquer la relation érotique qui se noue entre le chanteur et celui ou celle qui l'écoute. Je suis convaincu que l'on peut tomber amoureux d'une voix, voire de l'inflexion d'une voix dans un air donné, sur un mot précis. Tous les lyricophiles voient exactement ce que cela veut dire.

Cette approche, qui repose largement sur l'analyse technique et physique du phénomène vocal, peut provoquer des émotions extrêmement fortes. Certains aiment le football pour les gestes que l'on y voit, quels que soient le match et les équipes en présence. À l'opéra, une phrase, une variation ajoutée dans un *aria da capo*, une seule note même, peuvent justifier que l'on traverse un continent pour assister à une représentation. Écoutez la manière avec laquelle Rockwell Blake orne *Cessa di più resistere*, à la fin du *Barbier de Séville*; voyez comment Robert Merrill chante les mots « *raccogliere le lagrime dei vinti, dei sofferenti… fare del mondo un panteon, gli uomini in dii mutare…* »[1] dans l'air de Gérard (*Andrea Chénier*); vibrez lorsque Mirella Freni, juste avant que Mimi meure, confie « *Ho tante cose che ti voglio dire, o una sola, ma grande come il mare* »[2] (*La Bohème*). Bien interprétées, ces quelques secondes me donnent, à proprement parler, la chair de poule. Pourquoi? Il y a une part de mystère et, à nouveau, beaucoup de subjectivité. Je pense que la manière d'émettre le son et, dans certains cas, de surpasser la difficulté technique de tel ou tel passage, ajoutée à l'intrinsèque beauté de la phrase mélodique léguée par le compositeur, à l'intention, au message, au texte, participent de ce plaisir extrême. S'il faut peut-être avoir été éduqué à cette écoute, en particulier si l'on veut en apprécier les aspects techniques, attendus, guettés et ensuite commentés, il est aussi très clair que des néophytes peuvent, à la première écoute, être saisis. « Love at first audition. » Cette relation physique avec les chanteurs s'incarne, se concrétise, se consomme même, dans ce genre musical très particulier qu'est l'opéra plus encore, pour moi, que dans le *Lied*, les oratorios ou symphonies chantées.

L'opéra est évidemment plus que la voix seule et il ne faut pas lire dans ces lignes une prise de parti dans le débat qui agite les protagonistes de *Capriccio*, l'opéra de Richard

---

1. « Recueillir les larmes des vaincus, de ceux qui souffrent… Faire du monde un Panthéon, changer les hommes en dieux. »
2. « J'ai tant de choses que je veux te dire, ou une seule, mais grande comme la mer. »

Strauss créé en 1942 et que Salieri a choisi comme titre de son opéra bouffe : *Prima la musica e poi le parole* (1786). Un piano ou un orchestre avec quelques chanteurs ne constitue pas un opéra. Des opéras en version de concert, sans mise en scène ni décor, donc avec un théâtre en principe inexistant (en principe seulement car certains artistes, par leur seule parole et les mots qu'ils chantent, sont le théâtre), peuvent donner un très grand plaisir, émouvoir, exalter. Mais rien, absolument rien, n'est comparable à une représentation réussie, avec une mise en scène, des décors, des costumes et du jeu théâtral libéré du pupitre et de la partition. Pierre Boulez le dit avec ses mots : « C'est une forme d'art qui absorbe tout. Le théâtre, la musique, le chant – pas la mélodie, mais le chant. C'est très satisfaisant de diriger un opéra car vous faites partie d'un ensemble plus grand. » « Fitness émotionnel », ose même Kasper Holten, metteur en scène et ancien directeur de Covent Garden... la formule n'est pas élégante mais elle décrit assez bien ce que, *physiquement*, une représentation d'opéra peut provoquer. On vibre, on sue, on pleure. Ce plaisir n'est pas anodin. On raconte que la fréquentation des opéras américains a chuté après le 11-Septembre, sans doute par peur d'attentats éventuels, mais aussi par refus d'émotions trop fortes. Kent Nagano se rappelle tout de même avoir dirigé le *Requiem* de Berlioz à Carnegie Hall quelques jours après les attentats devant un public en larmes : « Leurs larmes n'étaient pas liées à une forme de dépression ou d'angoisse. Ils pleuraient car ils trouvaient de la vie dans ce concert. J'ai pensé que tout le monde est sorti de la salle avec plus d'énergie. »

L'écrivaine Hannah Dübgen l'explique ainsi : « L'opéra nous montre ce que nous sommes capables d'éprouver » et cela fonctionne individuellement : Werther nous touche car il incarne, jusqu'au suicide, le romantique insatisfait qui laisse la question entière : « Que se serait-il passé si Charlotte avait dit oui ? » Il nous touche aussi collectivement : le martyr des protestants pendant la nuit de la Saint-Barthélemy, les innombrables esclaves et autres prisonniers, de *Fidelio* à *Nabucco*. L'opéra, art éminemment humain.

Ces émotions, créées par la voix et par le texte, ont un prix : je n'arrive pas à m'endormir longtemps après la fin du spectacle tant l'adrénaline est forte. En tout cas, quand le spectacle est réussi… ce qui arrive, de temps en temps. Car, comme pour de nombreux amateurs d'opéra, la fréquentation des théâtres s'accompagne d'un paradoxe étonnant : le plaisir de l'opéra s'assimile en large part à celui, délicieux, du retour au pays natal ou de la madeleine de Proust ; mais dans le même temps, plus on connaît l'opéra, plus rare devient la satisfaction de l'amateur éclairé.

Le plaisir que l'on peut prendre à l'opéra a en effet quelque chose à voir avec celui d'une nouvelle lecture de *La Chartreuse de Parme*, d'une énième vision de *North by Northwest* de Hitchcock ou de la réécoute de *Blonde on Blonde* de Bob Dylan, mais avec une richesse et une variété incomparables : spectacle vivant, l'opéra se renouvelle à chaque production différente et à chaque soirée, y compris lorsque les chanteurs sont les mêmes. On sait que Roger Thornhill finira, toujours, par sortir indemne de la bagarre en haut du mont Rushmore, mais dans quel état de forme la soprano est-elle ce soir ? Le goût pour les airs du répertoire se nourrit de ce compagnonnage que, tout au long d'une vie, on peut entretenir avec « *E lucevan le stelle* » ou « *Di quella pira* ». En écoutant pour la centième fois tel ou tel opéra, ou tel extrait, ce sont les quatre-vingt-dix-neuf fois précédentes qui, si elles ne reviennent pas véritablement à l'esprit, constituent le terrain d'expression de ce plaisir très personnel. Lorsque j'écoute un artiste interpréter un air du répertoire, mon écoute est éclairée par toutes les écoutes précédentes, leurs réminiscences, leurs traces. Elle est peut-être parasitée aussi, dans une certaine mesure, puisque l'analyse, la comparaison, le jugement peuvent prendre le pas sur le plaisir retiré de l'écoute immédiate.

Mais cela signifie aussi que le spectateur-auditeur est véritablement un acteur de la soirée. D'abord, tous les artistes confirmeront que, chaque soir, le public est différent, comme la qualité d'écoute et la relation salle-scène. Ensuite, le spectateur conscient de ce qui se déroule devant lui ressent, vit, vibre, respire même avec le chanteur. Je ne vise pas les pédants qui, parfois même avec la partition sous les yeux, miment le chef d'orchestre au point de déranger leurs voisins. Mais je pense à ceux qui, anticipant la phrase si belle, la difficulté si ardue, l'aigu bien sûr, calent leur pulsation interne et leur respiration sur la partition. Cela peut décupler le plaisir ; cela peut le détruire aussi car le risque de déception est nécessairement plus élevé lorsque les attentes sont fortes. Diderot avait inventé le dédoublement du comédien ; voici celui du spectateur-auditeur qui prend toute sa part dans la vie du spectacle : « Lorsqu'il s'agit, non du chanteur, mais du spectateur qui est d'abord un auditeur, non seulement la "distanciation" est impossible, mais elle est contre nature » (Philippe Beaussant, *La Malscène*). Contre nature aussi les représentations à huis clos données en temps de Covid-19. Bien sûr, les chanteurs et les orchestres ne sont pas moins bons ; bien sûr, le public est devant son écran, tout près ou très loin de là ; mais la dynamique et l'adrénaline ne peuvent pas être les mêmes.

Cela ne signifie pas, à soi seul, que l'auditeur, lesté de ses expériences précédentes, est conservateur ; cela veut dire que la conscience qu'il a de la phrase qui arrive et de la note que chacun attend, participe de l'excitation, de la tension et du plaisir. Ce phénomène n'est pas réservé à l'opéra et on le retrouve dans la musique pop ou le jazz, dans le rap même, ce que démontrent les statistiques des plateformes de *streaming* : les auditeurs, la plupart du temps jeunes, peuvent écouter les titres préférés plusieurs dizaines de fois par jour. En retrouvant ce qu'il a aimé, l'auditeur se prélasse dans un confort rassérénant ; en même temps, lorsqu'il s'agit d'une représentation, la difficulté de l'interprétation et le risque couru par l'artiste qui approche de l'aigu redoutable donnent le frisson. Réconfort et excitation, le cocktail est gagnant.

Et pourtant. Ce qui est frustrant, chez les passionnés d'opéra, c'est que le plaisir court le risque de devenir de plus en plus rare. On compare, on regrette (« c'était mieux avant »), on se blase. Il faut dire que rien n'est moins garanti que la réussite d'un spectacle d'opéra. « Miracle existentiel », pour Kent Nagano, une représentation d'opéra peut n'être appréhendée que sous un angle analytique. « La mezzo est-elle complètement remise de sa trachéite ? Elle s'est chauffée, et cela va mieux qu'au premier acte. Est-ce que le maestro a aidé à l'écriture de ces variations qui sont originales ? Est-ce qu'ils vont couper la cabalette ? » Je suis certain que des spectateurs avertis donneraient cher pour retrouver leur candeur adolescente qui leur faisait accepter ce que, des décennies plus tard, leurs oreilles, leurs yeux et leur cerveau ne tolèrent plus… Le plaisir est plus intense, sans doute, lorsque l'on distingue la variation originale remarquée par peu de spectateurs mais il est beaucoup plus rare. Nouvelle version du pacte faustien appliqué au lyrique : pour apprécier davantage, il faut connaître. Et si l'on connaît, on est plus difficile.

Aujourd'hui, après environ mille cinq cents représentations d'opéras sur plusieurs continents, alors que je suis passé de l'autre côté, pendant six ans à l'Opéra national de Paris, cette passion est intacte, renforcée même, par la découverte de nouvelles esthétiques, de nouvelles œuvres et de nouveaux artistes. Au passage, on m'avait annoncé que cette maison, réputée ingouvernable, me dégoûterait de l'art lyrique. Voir l'arrière-cuisine d'un palace n'est parfois pas ragoûtant, aussi peu que les petits travers de nos artistes favoris. Ce ne fut pas le cas, en rien, jamais.

Je suis inquiet. Le public le plus jeune ira-t-il encore à l'opéra dans quinze ou vingt ans alors que toutes les données traduisent une marginalisation de la musique classique et contemporaine dans les sorties culturelles ? La génération Z et ses enfants pourront-ils encore assister à ce que l'on appelle

aujourd'hui « un opéra » ? Si oui, dans quelles conditions ?
Dans quels théâtres ? En payant quel prix ? Les pratiques
culturelles évoluent, sans cesse. Ma fille n'a, je crois, jamais
utilisé un CD ; comme son frère, elle ne télécharge pas de
musique, mais l'écoute en *streaming* ; elle n'achète pas
de journaux ou magazines imprimés ; le rituel du film, le
dimanche soir, a disparu, comme le Minitel, le monoski, les
trajets avec une carte Michelin sur les genoux ou le téléphone
filaire. Pourquoi pas l'opéra ?

Cette question a fait l'objet de débats nourris et passionnés
depuis… quatre siècles, c'est-à-dire depuis la naissance même
du genre, en Italie, à la cour de Mantoue. Mais les menaces en
ce début de XXIe siècle sont plus fortes que jamais, à tel point
que l'histoire de l'art lyrique pourrait bien ressembler au récit
de la naissance, de l'ascension, puis du déclin tout au long
du XXe siècle avant la disparition finale d'une forme artistique
datée, chère, élitiste, dont la mort ne serait guère pleurée. Qui
parle encore d'opéra à la une des journaux de France ? Les
mutations des pratiques culturelles se sont incroyablement
accélérées, comme si Darwin pouvait observer en *live* l'évolution des espèces pendant son exploration des Galapagos.
L'opéra, prochaine victime ? La question, angoissante on
en conviendra, mérite d'être explorée en profondeur pour
diagnostiquer le mal avec précision et le combattre. Tel est
l'objet des prochaines pages.

« *Il concetto vi dissi… or ascoltate com'egli è svolto.
Andiam. Incominciate !* » [1]

---

1. « Je vous ai présenté l'idée. Maintenant, écoutez ce qui s'est passé.
Allons-y. Commencez ! » chante Tonio en conclusion du prologue de *I Pagliacci*
de Leoncavallo. Je ne doute pas que plusieurs d'entre vous, lecteurs, ont lancé,
en cet instant même, le redoutable sol aigu sur le *a* de *incominciaaaaate* !

ACTE I :
Un miracle
depuis quatre cents ans

L'observateur distrait pourrait marquer sa surprise devant une telle alarme. « L'art lyrique en danger ? Mais il est partout ! On ne parle que de cela ! Des opéras s'ouvrent dans le monde à un rythme comparable à celui des inaugurations des centres commerciaux surclimatisés ! La publicité s'en est emparée ! Le Stade de France accueille Roberto Alagna ! Vous exagérez ! » De fait, dans ses notes de la fin des années 1960 publiées sous le titre *Operratiques*, Michel Leiris faisait état d'une « prétendue décadence » de l'art lyrique toujours évoquée, jamais précisément caractérisée.

Une analyse superficielle pourrait tirer des conclusions hâtives au vu du nombre de théâtres proposant dans le monde entier des spectacles lyriques et, aussi, au vu des débats qui agitent le monde lyrique depuis plus de quatre siècles : contrairement à la littérature, aux arts plastiques, au cinéma plus récemment, la vie de l'art lyrique a toujours été agitée avec des mouvements de balancier, des batailles, des réformes et contre-réformes ainsi que des condamnations sans appel. Pourtant, il est bien là et encore vivant. Pourquoi s'inquiéter ?

L'opéra, de plus en plus ?

Il y a quelques années, un éditeur phonographique associé à une radio nationale avait lancé une série de CD intitulée « Je n'aime pas l'opéra, mais ça j'aime bien » avec quelques tubes de Mozart, Rossini, Verdi, Bizet, Tchaïkovski, Wagner même et, pour le modernisme *novecento*, jusqu'à Dvorak et Puccini. L'angle trouvé était excellent car il s'appuyait sur une position affirmée et des plus répandues : « Je n'aime pas l'opéra. » Pourtant, la présence de l'art lyrique dans la vie quotidienne et donc dans la culture populaire n'a cessé de se renforcer, y compris au début du XXIe siècle.

Les publicitaires, d'abord, font abondamment appel à l'univers lyrique pour, entre autres, vendre du riz avec les vocalises de la Reine de la nuit (*La Flûte enchantée*), ou des déodorants sanitaires aérés par l'ouverture de *Guillaume Tell* (enfin, quinze secondes sur ses quelque onze minutes). Le cinéma a cité l'opéra, depuis fort longtemps (la chevauchée des Walkyries dans *Apocalypse Now* ; *Cavalleria Rusticana* dans *Le Parrain* ; Julia Roberts et Richard Gere devant *La Traviata* ; en 2019 *Nabucco* ou *Macbeth* de Verdi dans *Le Traître* de Marco Bellocchio) ou l'a même adapté : en 2001, c'est Beyoncé qui porte Carmen à l'écran dans un film de Robert Townsend (*Carmen : a Hip Hopera*). Les dessins animés ont aussi joué leur rôle dans la popularisation de certaines mélodies : on se rappelle *The Rabbit of Seville* des Looney Toones (1950), le jubilatoire *Magical Maestro* de Tex Avery (1952) ou *Mickey Maestro* chez Disney sur l'ouverture de *Guillaume Tell* encore. Même la musique pop la plus récente s'y est mise. La chanteuse américaine Kellis pompe le deuxième air de la Reine de la nuit pour sa chanson *Like you*, le rappeur Dooz Kawa sample, en 2016, « *Una furtiva lagrima* » (*L'elisir d'amore*) et les Américains Jedi Mind Tricks créent *Outlive the war* à partir du chœur des *zingarelle* du deuxième acte de *La Traviata*. On pourrait multiplier les illustrations, au-delà de ces exemples déjà surprenants. On n'est plus dans la « *Kultur der Oper* » de Nietzsche (*La Naissance de la tragédie*, 1872) ou dans « l'idéal socioculturel » décrit par Timothée Picard dans *La Civilisation de l'opéra* après le fantôme de Gaston Leroux, mais tout de même.

Un autre phénomène, bien différent, caractérise cette extension de l'impact du lyrique dans nos vies. Non content en effet d'influencer les arts plastiques, la musique pop et le cinéma, le répertoire lyrique lui-même s'est étendu au cours des dernières décennies. Le spectateur d'aujourd'hui dispose d'une offre lyrique considérablement plus développée qu'il y a quarante ans.

D'abord, vers l'amont. Jusqu'au milieu des années 1970, le répertoire des maisons d'opéra, grandes et petites, était constitué très majoritairement de quelques titres, venant pour l'essentiel du répertoire italien, français, russe et allemand. Mozart lui-même était peu programmé et une large part de son répertoire (*Idomeneo, Die Entführung aus dem Serail, Così fzn tutti…*) était ignorée. Le bel canto, le baroque ou les opéras plus exotiques comme les tchèques ou les hongrois faisaient figure d'extrêmes raretés, en tout cas en Europe de l'Ouest et aux États-Unis. Quelques compositeurs, même ceux qui avaient fait la pluie et le beau temps à l'Opéra de Paris et ailleurs pendant plusieurs décennies, avaient disparu. De Rossini, on ne donnait régulièrement que *Le Barbier de Séville* et *Cenerentola* ; de Donizetti, *L'Elisir d'amore* et *Lucia di Lammermoor*, de Vincenzo Bellini, Giacomo Meyerbeer, François-Adrien Boieldieu (plus de mille représentations à l'Opéra-Comique !) ou Daniel-François-Esprit Auber, rien du tout…

Et puis, les choses ont commencé à bouger dans un mouvement de « rétroaction culturelle » (Christophe Deshoulières) et des œuvres ont été peu à peu « ranimées ». Du côté du baroque, après les premiers feux allumés par le hautboïste et chef d'orchestre Jean-Claude Malgoire, le tricentenaire de la mort de Lully en 1987 donne l'occasion aux forces de l'Opéra de Paris, du Teatro comunale de Florence et de l'Opéra de Montpellier de monter une reprise historique d'*Atys*, confiée à William Christie et à ses Arts florissants, dans une mise en scène de Jean-Marie Villégier. Le choc est puissant et le succès immense. L'importance du merveilleux et du mystère, le caractère atemporel des problèmes évoqués, l'absence de souci réaliste, parfois le jeu sur l'ambiguïté sexuelle, expliquent largement ce succès, au moins d'un point de vue théâtral. Sur le plan musical, le retour à l'authenticité et à la simplicité, la plasticité des formes, la force du rythme et la beauté mélodique ont été des facteurs favorables à la redécouverte du baroque. Les « Arts flo », comme on les appelle familièrement depuis leur création en 1979, ont assuré la re-création de nombreux ouvrages de Lully mais aussi de Campra, Charpentier, Rameau (*Les Boréades* en 1983), Purcell notamment. D'autres ensembles baroques ont ensuite été créés dans le monde entier grâce à l'esprit d'entreprise de quelques aventuriers et les programmateurs se sont intéressés de plus en plus à ce répertoire aujourd'hui très courant. Cecilia Bartoli, star mondiale mozartienne et rossinienne, a eu l'audace de proposer des disques consacrés à Vivaldi et surtout Steffani qui ont atteint des records de vente. Certains – merci, les cordes en boyaux… – jouent plus faux que d'autres et sévissent dans le répertoire belcantiste voire romantique, mais la contribution à la vitalité musicale de ces initiatives privées parfois soutenues par les collectivités territoriales est indéniable. Le résultat est patent : de 2004 à 2019, Händel est au douzième rang des compositeurs les plus représentés dans le monde avec 5 852 représentations de 1 507 productions différentes. C'est plus que Gounod, Massenet, Gluck et Offenbach.

Le répertoire belcantiste a connu un phénomène comparable, surtout s'agissant de Rossini. En 1980, le Festival de Pesaro, sa ville natale, a vu le jour et il propose depuis lors, chaque année au mois d'août, un mélange de titres célèbres et de raretés (*Ermione, Zelmira, Matilde di Shabran…*), tous bénéficiant d'un travail critique permettant de revenir aux intentions du compositeur. Avec une équipe de musicologues internationaux, dont Philipp Gossett, le Festival a même redécouvert un opéra, *Il viaggio a Reims*, considéré comme perdu depuis sa création en 1825. Dans une moindre mesure, Bellini et Donizetti, voire Saverio Mercadante ou Giovanni Simone Mayr et Ferdinando Paër, ont bénéficié d'un regain d'intérêt, notamment grâce au Festival de Bad-Wildbad et à la maison de disques Naxos. Dans d'autres esthétiques, des compositeurs comme Leoš Janáček, Dmitri Chostakovitch, Francis Poulenc ou Nicolaï Rimsky-Korsakov, sont aussi revenus régulièrement à l'affiche partout dans le monde.

Il faut ici mentionner tout particulièrement le rôle qu'a joué Maria Callas, dans les années 1950 et 1960 en faveur de cet élargissement du répertoire. L'exceptionnelle étendue de sa voix – qui lui permettait de chanter à la fois des rôles de mezzo et de soprano dramatique, mais avec une capacité d'agilité bluffante, et d'alterner, à la Fenice en 1949, à quelques jours d'intervalle, Elvira d'*I Puritani* et Brunehilde de *La Walkyrie* –, sa force dramatique, y compris malgré des livrets simplets, le mythe qui s'est construit autour de sa personne... tout cela lui a permis de choisir les théâtres dans lesquels elle chantait, les œuvres et les rôles qu'elle privilégiait ainsi que les équipes artistiques avec lesquelles elle acceptait de travailler. Elle a notamment donné leurs lettres de noblesse à des opéras belcantistes qui avaient disparu de l'affiche comme *Armida* ou *Il Turco in Italia* de Rossini mais encore *La Sonnambula* de Bellini ou *Anna Bolena* de Donizetti. Sa capacité à ornementer et aussi à donner un contenu drama-tique à ces pièces a changé le regard que le monde lyrique portait sur elles. Leyla Gencer, Joan Sutherland, Montserrat Caballe, sans Callas, auraient sans doute eu du mal à imposer ce répertoire. De cela aussi, on doit être reconnaissant envers Maria Callas.

Un même phénomène d'élargissement des propositions s'est produit grâce aux créations. Dans les années 1960-1970, elles étaient plutôt rares et peu ont survécu. *Les Diables de Loudun* de Penderecki (1969), *Mort à Venise* de Britten (1973), *Einstein on the Beach* de Philip Glass (1976) ou *Lear* de Aribert Reimann (1978) font figure d'exceptions. Mais, chaque année encore, sur tous les continents, des opéras sont composés et donnés pour la première fois sur scène. Le monde lyrique est bel et bien une scène vivante, avec une très grande diversité d'approches, d'écoles musicales et d'esthétiques. En vingt ans, pour ne prendre qu'un exemple, l'Opéra de Paris a créé neuf opéras nouveaux, de *K* (Philippe Manoury, 2001) à *Bérénice* (Michael Jarrell, 2018) et *Le Soulier de satin* de Marc-André Dalbavie (2021). Dans le cahier des charges de tous les opéras nationaux, figure en bonne place l'exigence de passer des commandes et de programmer des créations mondiales qui attirent l'attention des médias et, parfois, le public. À Lyon, on compte dix créations mondiales en vingt ans, plus qu'à la Scala de Milan (sept) ou au Met (cinq). Le même phénomène existe ailleurs dans le monde, et en parti-culier aux États-Unis où, rien que pour l'année 2019, on compte plusieurs créations lyriques qui ont évoqué de manière très explicite des questions sociétales aussi centrales que la justice, les inégalités et la situation des Afro-Américains (*Blind Injustice* de Scott Davenport Richards, créé à Cincinnati ; *The Central Park Five*, d'Anthony Davis, créé à Long Beach ; *Fire Shut Up in My Bones* de Terence Blanchard, à Saint-Louis et *Blue* de Jeanine Tesori au Glimmerglass Opera). On estime ainsi à environ 700 les compositeurs vivants qui ont pu voir au moins un de leurs opéras représenté sur scène au cours des cinq dernières années. Ce n'est pas si peu !

La France veille à la vitalité du paysage et de la création lyrique. Une trentaine d'opéras proposent environ 900 spectacles lyriques chaque année et 1 200 000 billets, dont les deux tiers pour le seul Opéra de Paris avec ses deux salles. Le chiffre d'affaires global peut être estimé à environ 600 M€. Le ministère de la Culture mais aussi les collectivités territoriales, au premier rang desquelles les communes et leurs groupements qui ont toujours joué un rôle très important dans le paysage lyrique, subventionnent les opéras à hauteur de près de 400 M€, ce qui équivaut à 63 % des produits (mais près de 80 % sans l'Opéra de Paris), un niveau équivalent à la moyenne européenne.

Dans le domaine de la création, le ministère de la Culture, bon an mal an, dispose d'une enveloppe d'aide à la composition musicale de quelques centaines de milliers d'euros qui, si elle ne va que très minoritairement à l'opéra (moins de 5 % des aides, pour des montants compris entre 15 et 30 000 euros), contribue à cette vitalité, à côté d'autres aides accordées par des sociétés de gestion collective des droits (le fonds pour la création lyrique, géré par la SACD avec des contributions de l'ADAMI et du ministère, dispose d'un budget annuel compris entre 400 et 500 000 euros chaque année, en baisse…) et des contrats de commandes passés par les opéras. Ces contrats, qui peuvent aller jusqu'à une centaine de milliers d'euros par partition, rémunèrent plusieurs années de travail du compositeur et, lorsqu'il en a un, son librettiste.

Au total, un directeur d'opéra aujourd'hui dispose d'une palette infiniment plus vaste qu'il y a quelques décennies et cette réalité est réjouissante.

Une « vraie et grande industrie culturelle » mondialisée

Camillo Benso, comte de Cavour, est davantage connu pour son rôle d'homme d'État et sa contribution à l'unité italienne que pour ses affinités avec l'art lyrique. Pourtant, dans ses réflexions sur le développement de la péninsule, il ne manquait jamais de souligner que l'opéra était « une vraie et grande industrie qui a des ramifications dans le monde entier », qui stimule le commerce, le tourisme et la circulation de la monnaie. « Industrie culturelle, l'opéra ? Sacrilège ! » diront les partisans de la création pure. Et pourtant…

indépendamment même de ce qu'il représente aujourd'hui, les preuves que l'art lyrique a été, historiquement, la première industrie culturelle mondiale ne manquent pas.

Une fois que l'opéra s'est imposé en Europe comme pratique culturelle populaire (Gramsci parle même d'un phénomène « national-populaire »), au-delà des théâtres de cour et des salons, au début du XIXᵉ siècle, la production de spectacles est devenue massive, en particulier en Italie où on ne compte pas moins de 940 théâtres actifs dans les années 1850. Venise, où l'opéra est devenu un véritable *business*, Florence, Milan, Gênes, Turin, Naples, Palerme, Bologne, mais encore Reggio Emilia, Parme, Modène, Lucca et Trieste… ont construit et entretenu des théâtres d'opéra importants et les plus grandes villes comptent souvent deux, voire trois, maisons lyriques. Dès le milieu du *seicento* (XVIIᵉ siècle), Francesco Cavalli ne cesse de composer de nouvelles œuvres, parfois écrites à la hâte, et proposées dans des théâtres comme le San Cassiano, premier opéra public (1637) avec des prix permettant à la population vénitienne d'assister aux nouvelles créations[1]. Tout le XVIIIᵉ siècle et le premier quart du XIXᵉ siècle connaissent une production effrénée, surtout pendant la saison du carnaval et autour des foires commerciales, cinq soirs par semaine. À cette époque, ce qui fait vendre, c'est la nouveauté, et le contraste avec la situation actuelle est saisissant… Entre septembre 1812 et décembre 1813, par exemple, Rossini ne donne pas moins de six opéras nouveaux dans quatre villes différentes, avec quelques chefs-d'œuvre (*Tancredi, L'Italiana in Algeri…*).

Pour les compositeurs, le rythme est très soutenu, dans une sorte de circuit autour de l'Italie septentrionale et centrale, de Naples et des trois plus grandes villes de Sicile, alors même

---

1. Détruit par des incendies, reconstruit plusieurs fois, le San Cassiano a disparu au début du XIXᵉ siècle. Un riche mécène anglais, ancien batteur dans un groupe de rock, caresse le rêve fou de mettre sa fortune acquise dans l'expertise-comptable au service d'une prochaine réouverture.

que les infrastructures de transports sont embryonnaires.
À partir des années 1840-1850, un Meyerbeer peut sillonner
l'Europe en train, voyager et travailler plus confortablement,
y compris en chemin.

Au passage, un lien a été établi par deux chercheuses américaines, Michela Giorceli et Petra Moser, entre l'état de la
législation sur les droits d'auteur et la productivité des compositeurs au début du XIXᵉ siècle : en Lombardie et en Vénétie,
deux des États à s'être dotés dès 1801 d'une loi protectrice, le
nombre d'opéras nouveaux créés est supérieur de 150 % à celui
relevé dans six autres États de la péninsule. Au-delà du seul
nombre, la Scala et la Fenice ont ainsi accueilli de nombreuses
créations entrées au répertoire. Lorsque le compositeur est
heureux et ses droits protégés, il travaille mieux et davantage !

Pour les directeurs d'opéra ou imprésarios, l'activité n'est
pas moins soutenue avec l'obligation, pour faire rentrer l'argent
dans les caisses, de proposer toujours plus de nouveautés
susceptibles d'attirer le public. Les opéras en un acte, comme
L'occasione fa il ladro ou *La Scala di seta* (Rossini) ou *Le
Convenienze teatrali* et *Il Campanello di notte* (Donizetti),
jouent un rôle important dans cette industrie : leur préparation – décors, costumes, solistes et chœurs – ne coûte pas
très cher, ils peuvent être combinés entre eux pour composer
une soirée réussie et, en cas d'échec, leur abandon n'entraîne
pas la faillite du théâtre…

Cette industrie est rapidement européenne et le marché
commun de la culture est une réalité, deux siècles avant le
traité de Rome, surtout au profit des compositeurs italiens :
Antonio Cesti, natif d'Arezzo, compose en France ; Antonio
Salieri dirige la musique à la cour des Habsbourg pendant un
demi-siècle ; Händel, natif de Halle, se fixe à Londres en 1712
après des séjours en Italie. Les compositeurs courent de ville
en ville, des États pontificaux aux principautés allemandes,
de Vienne à Londres et Paris. Rossini, Bellini, Donizetti,
Meyerbeer, Verdi, Wagner même, viennent y chercher la
consécration et le quartier de la Nouvelle Athènes, capitale

du romantisme, accueille une impressionnante concentration de talents européens. À Paris toujours, en 1849, aux obsèques de Frédéric Chopin, pianiste et compositeur né à Varsovie, la cantatrice Pauline Viardot, espagnole de naissance, chante le *Requiem* de l'Autrichien Mozart, devant une assemblée cosmopolite au premier rang de laquelle a pris place le Russe Tourgueniev. Les chanteurs bénéficient également de cette mondialisation: dès le milieu du XVIIIe siècle, Carlo Broschi, connu sous le nom de Farinelli, quitte son Italie natale pour se produire à Vienne et Londres avant de s'installer à Madrid pendant une vingtaine d'années. Adelina Patti, entre l'Espagne, New York, la Russie, l'Amérique du Sud et, finalement, le Royaume-Uni, Maria Malibran et des chefs d'orchestre comme Gustav Mahler, Hans Richter ou Arturo Toscanini ont bien vite franchi les frontières de leur pays d'origine. Assez tôt, les managers d'opéras ont connu le même phénomène: le génial Domenico Barbaja, dans les années 1820, dirigeait en même temps des théâtres à Vienne, Milan et Naples; l'Allemand Oscar Hammerstein a fondé différents opéras aux États-Unis entre 1889 et 1910 et l'Autrichien Rudolf Bing a dirigé des théâtres en Allemagne, puis le Festival de Glyndebourne et le Met pendant vingt-deux ans, jusqu'en 1972.

Au-delà de l'Europe, la mondialisation est donc une réalité pour le monde de l'opéra, bien plus tôt que pour d'autres types d'échanges culturels.

Dans sa passionnante *Géographie de l'opéra au XXe siècle*, Hervé Lacombe décrit cette expansion en trois phases: d'abord la diffusion, ensuite la colonisation et enfin l'acculturation. Les nouveaux opéras franchissent ainsi les frontières, les mers et les océans à une vitesse impressionnante. Lorenzo Da Ponte donne les opéras de Mozart à New York dès les années 1820 et les plus grands succès européens séduisent le public américain très rapidement après leur création. Le phénomène, qui ne cesse de s'accélérer à chaque décennie, touche même des villes comme Mexico, La Nouvelle-Orléans ou Rio de

Janeiro. Dans ses mémoires, écrites entre 1830 et les années 1860, Hector Berlioz note : « Je crois que nous allons avoir à rectifier nos opinions au sujet des institutions musicales de l'Amérique. Sans parler de New York, où l'on entend aujourd'hui de grandes exécutions très soignées des productions sérieuses de l'art ancien et moderne, grâce à l'affluence de plus en plus considérable des musiciens d'Europe, il faut tenir compte du théâtre de La Nouvelle-Orléans et de celui de Rio de Janeiro. » Berlioz a cette drôle de formule : « Je ne m'étonne plus que tant de chanteurs d'Europe cherchent à faire *brésilier* leur engagement. »

Cent cinquante ans plus tard, où en est-on ?

L'opéra est une industrie culturelle très active et mondialisée. Né en Europe, dans les cours des Este, des Gonzague et des Médicis, au tout début du XVIIᵉ siècle, l'art lyrique a gagné d'autres continents, d'abord par la diffusion et, aujourd'hui, davantage par le métissage et l'acculturation. Cette montée en puissance tout au long des XIXᵉ et XXᵉ siècles se traduit en chiffres, stables depuis plus de quarante ans : chaque année, quelque 27 000 représentations sont données sur tous les continents, pour plus de 30 millions de billets vendus. Il y a plus de 400 théâtres permanents qui donnent des opéras et une cinquantaine de festivals. Le poids de l'Europe, qui concentre près de 90 % des représentations, est considérable et certaines villes, comme Londres, Vienne, Moscou, Saint-Pétersbourg, Berlin (l'Allemagne à elle seule accueille une représentation sur trois dans le monde !) ou Paris accueillent plus de 500 représentations par an, avec une centaine de spectacles différents.

Il ne s'agit certes pas d'une industrie de masse, comparable aux concerts de musique pop ou au sport puisque, à titre d'exemple, en une année, 9 millions de billets sont vendus en France pour assister à des matchs de football professionnel et 25 millions pour voir des concerts de musique pop. Mais, avec un peu plus d'1 million de billets vendus rien qu'en France, 6 millions aux États-Unis et pas loin de 5 en Allemagne, l'art lyrique n'est pas ce que l'on pourrait appeler une activité de niche. Selon Daniel Snowman *(The Gilded Stage*, 2009), le nombre d'Américains ayant assisté à au moins un opéra dans l'année, soit environ 3 % de la population américaine, augmenterait même sensiblement plus vite que celui constaté pour les concerts symphoniques ou le théâtre.

Aux obsèques très européennes de Chopin répond donc, aujourd'hui, en Australie ou au Texas, une représentation de *Jenufa* de Janáček, en langue tchèque, donnée par des chanteurs russes, américains, coréens ou sud-africains.

L'Amérique du Nord occupe une place centrale, mais fragile, dans le paysage lyrique mondial. Le Metropolitan Opera, fondé en 1880, joue le rôle de vitrine nationale quasi unique pour le lyrique jusqu'à la Seconde Guerre mondiale. À partir des années 1930, la retransmission à la radio des matinées du samedi, sponsorisées par Texaco, a beaucoup fait pour la popularité du lyrique et de quelques stars. Et puis, à partir des années 1950, les théâtres lyriques se sont multipliés. Chicago, Dallas, Houston, Washington DC, Seattle, Minneapolis, mais encore Dayton, Madison ou Palm Beach ont inauguré leur « Opera House ». Le Festival de Santa Fe a ouvert en 1956, dix ans après Aix-en-Provence. La création du *National Endowment for the Arts* par le président Lyndon Johnson, en 1965, a démontré que la culture était devenue une priorité dans un pays en crise morale. De fait, le mouvement ne s'est pas ralenti dans les années 1970 et 1980 (Michigan Opera Theatre, Des Moines, Virginia Opera, Opera Theatre of Saint-Louis, Long Beach Opera, Atlanta Opera), jusqu'à l'inauguration du Los Angeles Opera en 1980. Si, à cette date, 15 maisons d'opéra seulement avaient un budget supérieur à 1 M$, elles étaient 45 en 1990.

Pendant une large partie du XXe siècle, des deux côtés de l'Atlantique, l'opéra est une affaire qui marche, ce qui a pu faire dire à Caruso que « les Français sont faits pour composer de la musique d'opéra, les Italiens pour la chanter, les Allemands pour la jouer, les Anglais pour l'entendre et les Américains pour la payer ».

Dans *Fitzcarraldo,* film de Werner Herzog sorti en 1982, Klaus Kinski, alias Brian Sweeney Fitzgerald, se rend à Manaus pour écouter Enrico Caruso et tenter de construire un opéra au milieu de la forêt amazonienne. Réfugié dans le clocher d'une église, il s'écrie « *Ich will eine Oper bauen!* » (« Je veux construire un opéra »). L'exclamation de Kinski est emblématique d'une conquête du monde entier par l'art lyrique occidental, qui a débuté dès le xviie siècle et qui dure jusqu'à aujourd'hui. L'époque contemporaine est marquée par la construction et l'ouverture d'un très grand nombre de théâtres destinés à accueillir des œuvres lyriques.

Plus que dans l'appel de Kinski, la force du phénomène à la fin du xxe siècle est davantage à rechercher du côté de Rome, et plus précisément aux thermes de Caracalla. Le 7 juillet 1990, à la veille de la finale de la coupe du monde de football italienne, Plácido Domingo, Luciano Pavarotti et José Carreras, accompagnés par un orchestre issu du Mai musical florentin et de l'Opéra de Rome, dirigé par le chef indien Zubin Mehta, chantent un programme d'airs populaires, arrangés pour eux, séparément ou ensemble, en mondovision. Tout y passe, jusqu'à *Granada, Torna a Surriento, O sole mio* et, en conclusion, un « *Nessun dorma* » à trois, cet extrait de *Turandot* de Puccini devenant alors un tube planétaire.

Instantanément ou presque, ce « concert des trois ténors » devient un phénomène mondial pour l'édition phonographique : le CD, alors à son apogée, mais aussi les cassettes vidéo et les DVD, se vendent par millions au grand bonheur de Decca, le producteur. Les trois complices répliquent tous les quatre ans leur prestation lors de chaque championnat du monde de football, y compris sous la tour Eiffel en 1998 et au Japon, à Yokohama, en 2002. L'impact est planétaire et il est encore renforcé lorsque Pavarotti convoque ses « *friends* » Sting, Bono et Bob Geldof à Modène pour des concerts très cross-over, voie que Montserrat Caballe avait déjà explorée à la fin des années 1980, en duo avec Freddie Mercury. Avec quelques décennies d'avance, l'économiste Alfred Marshall, qui s'est penché sur l'économie des superstars (*Principles of Economics*, 1947) donne la clé de ce succès : en étudiant la carrière de la soprano Elizabeth Billington (1768-1818), il s'était convaincu que cette artiste avait un talent exceptionnel... dont très peu de personnes avaient conscience, avec des conséquences directes et négatives sur sa rémunération. Les changements technologiques ont permis un changement d'échelle (*scalability*) avec, désormais, une audience potentielle infinie et une concentration des bénéfices sur quelques stars[1].

Mais revenons à l'impact planétaire des trois ténors. Depuis lors, les gouvernants sous toutes les latitudes semblent s'être donné le mot pour satisfaire Fitzcarraldo et se mettent à construire des opéras.

Non seulement on donne des représentations lyriques un peu partout dans le monde comme *Aïda* de Verdi, sur les rives du Nil, lointain écho à sa création au Caire en 1871, mais aussi *Turandot* à la Cité interdite de Pékin... Surtout, les constructions de théâtres susceptibles d'accueillir des opéras ne se comptent plus, de Manaus en 1896 avec le Teatro Amazonas à Mascate, Astana, Alger, Rabat, demain peut-être Riyad ou Al Ula, avec souvent une invraisemblable débauche de moyens. Les liens entre l'art lyrique et la vie culturelle au Maghreb et jusqu'au Moyen-Orient sont complexes et plongent leurs racines dans l'histoire : après que le premier opéra de la région a été construit à Alger en 1853, la décolonisation a marqué d'un fer rouge l'art lyrique comme occidental, impérialiste et appartenant au passé. En Irak, la construction d'un opéra avait bien été confiée à l'architecte américain Frank Lloyd Wright à la fin des années 1950 mais le projet n'a pas survécu à la révolution de 1958. Pourtant, comme l'écrit Hervé Lacombe, « la mondialisation amplifie le phénomène faisant du théâtre d'opéra un marqueur visuel, urbanistique et culturel d'une ville ambitieuse ». Des mégalopoles chinoises

---

1. Comme le chante le groupe Abba en 1980, « *The Winner Takes It All* ».

au nom parfaitement inconnu des Européens le démontrent chaque année davantage en ouvrant des complexes impressionnants pouvant, entre autres, accueillir des spectacles lyriques. En Asie, le Bangkok Opera envisage de donner, pour la première fois en Asie du Sud-Est, le *Ring* de Richard Wagner grâce à Somtow Sucharitkul, compositeur, chef d'orchestre, romancier, manager, formé à Eton et Cambridge, californien d'adoption. En Chine, l'Opéra de Shanghai et le Grand National Theatre de Pékin, signé par l'architecte français Paul Andreu, proposent des saisons régulières depuis de nombreuses années et des artistes européens, invités en classe affaires, vont y cachetonner et populariser le bel canto, l'opéra vériste, voire le Grand Opéra à la française.

L'envie d'opéra est ainsi indéniable et les perspectives ont quelque chose de rafraîchissant. Art européen daté par excellence, lesté par le poids des années auprès de nos populations blasées, l'opéra continue donc à faire rêver… au-delà de l'Oural et de l'autre côté des océans, en Afrique même, plusieurs équipements importants ayant été inaugurés récemment à Rabat, Tunis, Alger, Le Cap.

Il est frappant que les directeurs d'opéra de la vieille Europe, toujours à la recherche de sources de revenus complémentaires, aient les yeux de Chimène pour ces nouveaux Eldorados. Le rapprochement de ces perspectives de coopération et donc de recettes, avec l'absence quasi totale d'opéra chinois ou même de théâtre Nô sur nos scènes occidentales, peut, pour l'avenir, constituer un frein au développement de ce business multiculturaliste.

Depuis la fin du XXᵉ siècle, l'image de l'opéra a changé, y compris car certaines œuvres ont su intégrer des traditions musicales non occidentales. L'Opéra du Liban, le Royal Opera House de Mascate, le Festival d'opéra d'Amman ont commencé à essaimer et d'autres projets voient le jour petit à petit. Un phénomène d'acculturation intéressant est apparu : des compositeurs asiatiques ou moyen-orientaux répondent à des commandes d'opéras contemporains passés par des théâtres européens ou nord-américains, renouvellent le langage musical et dramaturgique et enrichissent la programmation des festivals et maisons d'opéra du monde entier. Bernard Foccroulle à Aix et Eva Kleinitz à Strasbourg ont encouragé cette forme de multiculturalisme lyrique très prometteur.

Il convient, pour le reste, de garder la tête froide. Plus que des opéras à l'italienne, ces pays, dont il est manifeste qu'ils mettent parfois beaucoup d'argent sur la table, ouvrent surtout des « *performing art centers* », susceptibles d'accueillir de la musique savante, mais aussi des concerts de musique pop, des comédies musicales, des ballets, des projections. Ces complexes multifonctions sont destinés avant tout à des programmations variées, sans, souvent, que des équipements techniques spécifiques aient été prévus pour le lyrique. Il n'est du reste pas rare que de faramineux projets de coproductions ou de tournées s'évanouissent lorsque le directeur technique constate que le « théâtre » n'a pas de fosse pour l'orchestre ou que les cintres sont beaucoup trop modestes pour permettre les changements de décors. Politiquement même, certains États du golfe Persique semblent avoir du mal à assumer leur virage à l'occidentale. À Bahreïn, au moment de l'ouverture du théâtre, des concerts de vedettes internationales comme José Carreras ont même été organisés sans aucune publicité et même sans billetterie, l'accès à la manifestation étant gratuit, preuve d'une certaine hésitation, voire d'une gêne à afficher une véritable ambition lyrique à l'occidentale, déconnectée des aspirations vernaculaires. Si l'on ajoute à cela l'absence de forces artistiques permanentes ou formées à ce type de musique et, souvent, de stratégie de développement culturel, le miroir aux alouettes est vite démonté. Évidemment, faire vivre un théâtre lyrique avec des artistes permanents et invités est sensiblement plus compliqué, y compris dans le rapport au public, que d'installer sur des cimaises de grandes œuvres prêtées par les plus grands musées du monde. La réussite éclatante du Louvre Abu Dhabi n'est clairement pas un modèle aisément transposable au monde du spectacle vivant.

Envie d'opéra ? Sans doute. Besoin d'opéra ? Cela reste à démontrer.

La crise comme mode de fonctionnement

Tous ceux qui estiment que les Cassandre du lyrique ont tort de s'inquiéter auront beau jeu de se référer à tous les débats qui, depuis près de quatre cents ans, animent le monde du spectacle et qui, à plusieurs reprises, ont conduit à pronostiquer la disparition du genre lyrique, y compris pour des motifs non purement économiques mais esthétiques et sociaux. L'économiste William Baumol a trouvé la formule qui fait mouche : « Dans le monde du spectacle, la crise est un mode de vie » (« *In the performing arts, crisis is a way of life* »). Le chef d'orchestre, compositeur et essayiste René Leibovitz évoque pour sa part la « popularité à éclipse de l'opéra » qui « oscillerait » d'une période à l'autre. Débats politiques, incertitudes économiques, inadaptation à la marche de la société, critiques esthétiques, pourquoi cela ne pourrait-il pas durer encore quelques siècles ?

Les débuts de l'art lyrique en France ont, déjà, pendant plus d'un siècle, été marqués par des débats incessants, et souvent violents. Tout au long du XVIIIe siècle, anciens et modernes, tenants de la culture italienne et partisans d'un art national, « lullistes » contre « ramistes », Rameau contre Rousseau, « gluckistes » contre « piccinistes », se livrent de sévères batailles intellectuelles et esthétiques.

Si Marie de Médicis et Mazarin ont le regard tourné vers le voisin transalpin, en cohérence avec l'italianisation du goût artistique de la cour autour des années 1650, le fondateur de l'Académie de musique, Pierre Perrin, s'éloigne quant à lui de la primauté musicale qui caractérise l'opéra italien. S'inspirant davantage de Pierre Corneille et de la tragédie française, il affirme la prééminence du théâtre, à la recherche d'un mélange original entre la tragédie, la musique, la dramaturgie, contre la tradition cosmopolite du goût musical dominé par l'italianité.

L'institutionnalisation de l'Académie royale de musique par Lully renforce encore cette tentative réussie de « naturalisation » française du projet, poursuivant à la fois des objectifs politiques (le monopole, le lien avec le roi) et esthétiques : la tragédie lyrique, incarnation du goût français, mêle de manière originale les chœurs, les récits, les airs, la danse et l'action scénographique, le tout en cinq actes. Philippe Quinault, le comparse du compositeur italien, a le génie de relier les passages obligés du ballet de cour et du divertissement à la dramaturgie propre à ses livrets. L'opéra lulliste reçoit ainsi de la tragédie française l'importance du texte et une forme de subordination de la musique à la dramaturgie. Pendant une soixantaine d'années, l'Académie royale de musique vit sur l'héritage de Lully et, sur le plan des décors et de la scénographie, de Servandoni. Cela ne se fait pas sans heurts : dans la foulée de la contre-Réforme, un certain catholicisme rigoriste et augustinien, derrière Boileau et Bossuet, condamne l'opéra, « ces danses, ces héros à voix luxurieuse » comme incarnations de l'immoralité, « et tous ces lieux communs de morale lubrique, / que Lully réchauffa des sons de sa musique » (Boileau, Satire X, *Contre les femmes*). L'opéra, réduit à un divertissement et synonyme de plaisir, ne pouvait que passer difficilement sous les fourches caudines des rabat-joie de tous bords.

Pendant qu'en Italie Zeno puis Metasasio réforment l'opéra seria, le milieu du XVIIIᵉ siècle voit s'affronter encore plus vivement, d'un côté, les partisans de la musique française, de l'harmonie et de Rameau, et, de l'autre, ceux qui, derrière Jean-Jacques Rousseau, privilégient la mélodie, la simplicité et le naturel d'un Pergolèse. Paul Thiry d'Holbach théorise l'affaire dans sa *Lettre à une dame d'un certain âge sur l'*état présent de l'*opéra* (1752) et la « querelle des bouffons » frôle l'émeute lorsque l'effigie de Rousseau est pendue dans le foyer de l'Opéra tandis que l'on donne son *Devin du village*. Derrière l'esthétique, la politique n'est jamais loin, surtout à l'opéra : du côté des « bouffonistes », la simplicité, l'expressivité des pantomimes, le choix des personnages dans l'opéra italien vont dans le même sens que la liberté d'expression et la possibilité de parler au peuple, loin du divertissement de cour guindé.

Rebelote à la fin du XVIIIe siècle avec la bataille des gluckistes, adeptes du drame à la couleur très européenne de Christoph-Willibald Gluck, et des piccinistes, inconditionnels de l'opéra italien. Autour de ces astres plutôt dans la phase descendante de leur carrière, la programmation de l'Académie royale a du mal à faire place à la création, si ce n'est pour quelques épigones. La vitalité réside plutôt du côté de l'Opéra-Comique, grâce à Grétry, Philidor, Monsigny et Dalayrac, et encore davantage au Théâtre italien.

Le chroniqueur et fin observateur Arthur Young le note avec humour dans son *Voyage en France* en 1790 : « Il se fera une aussi grande révolution dans la musique française qu'il s'en est fait dans le gouvernement français. Que pensera-t-on tout à l'heure de Lully et Rameau ? Et quel triomphe pour les mânes de Jean-Jacques. » Pire, au début de l'année 1790, en pleins troubles révolutionnaires, les musiciens et les chanteurs de l'Académie royale de musique, ancêtre de l'Opéra de Paris, inquiets pour leur avenir et celui de la première scène lyrique du pays, ont réclamé et obtenu l'organisation d'états généraux de l'opéra. Un peu comme pour les « états généraux du royaume de France », trois « ordres » devaient représenter le chant, la danse et l'orchestre. La perspective de transmettre l'Opéra à la ville de Paris ou de le gérer à la manière d'une « affaire », c'est-à-dire le privatiser, mais aussi le caractère très routinier de son répertoire et la concurrence d'artistes italiens, enflammaient les esprits. Des cahiers de doléances furent rédigés. Un contemporain raconte : « L'ouverture fut brillante ; comme l'on devait s'y attendre, l'on cria beaucoup, l'on n'entendit rien, et personne ne fut d'accord. » L'Académie royale de musique, un temps municipalisée puis privatisée, traversa tant bien que mal la période révolutionnaire et reprit son cours chaotique et glorieux à la Restauration.

Ces débats, à dire vrai, sont davantage le signe d'une grande vitalité et d'une place centrale dans la vie culturelle du pays que celui d'une crise existentielle. Polémiques dans les grands organes de presse, du *Mercure de France* au *Journal de Paris*, pamphlets, poèmes en tous genres, contes et parodies, font de la vie lyrique un sujet majeur, à peu près inimaginable aujourd'hui. Et malgré le monopole de l'Académie de musique sous ses différents noms, Paris a toujours accordé droit de cité à toutes les esthétiques rivales à l'exception notable de l'opéra seria dans lequel les castrats triomphaient partout en Europe.

Dès la fin du XIXᵉ siècle toutefois, des confrontations du même ordre font quelques victimes collatérales qui ont du mal à s'en relever. En effet, si la première moitié du XIXᵉ siècle est sans doute l'apogée de l'art lyrique, entre la fin du bel canto, la naissance de l'opéra romantique et du Grand Opéra à la française, mais aussi le *Singspiel* et l'opéra-comique, la montée en puissance de Wagner et du vérisme marque la défaite durable de certaines esthétiques et même de certaines techniques vocales. Pour Nietzsche, Wagner, incarnation de la décadence fin de siècle, « a rendu la musique malade (…) Wagner est la ruine de la musique » !

Les victimes ? Rossini, dont on ne donne plus du tout, pendant des décennies, de très nombreux titres aussi brillants qu'*Ermione, Maometto II, Otello* entre autres ; Bellini, Donizetti, réduit à *Lucia di Lammermoor* ; Meyerbeer suit bientôt : si *Les Huguenots* et *Robert le Diable* font les beaux jours de l'Opéra de Paris, y compris d'un point de vue économique, jusqu'à la fin du XIXᵉ siècle, ils disparaissent ensuite corps et biens. Quelques extraits ou versions abrégées, quelques ouvertures aussi, apparaissent parfois au programme des concerts, mais le bel canto a cédé face au vérisme et au wagnérisme. Questions esthétiques sans doute et de technique vocale. Les Walkyries n'appartiennent pas au même monde que Norma ou Rosine.

Jusqu'à la Seconde Guerre mondiale, le répertoire lyrique international se maintient, avec quelques constantes grâce aux plus grands Verdi (mais sans les œuvres de jeunesse), à Wagner, à *Pelléas et Mélisande*, à Puccini bien sûr. La sclérose guette et, alors que le théâtre fait sa révolution, le monde lyrique semble encalminé dans le passé. Pour Hervé Lacombe, l'Opéra de Paris brille par « son incurie et sa couardise », particulièrement jusqu'en 1983, année de la création *d'Erzsebet* de Charles Chaynes et de *Saint-François d'Assise* d'Olivier Messiaen.

Les difficultés économiques persistantes et les choix esthétiques passéistes font craindre le pire ou du moins encouragent certains à appeler à une révolution violente. L'architecte Frank Lloyd Wright déclare qu'il ne serait pas dérangé de voir l'opéra disparaître : « Depuis que je suis petit, j'ai toujours regardé l'opéra comme un anachronisme ampoulé[1]. » Bertolt Brecht dénonce pour sa part « la totale crétinisation de l'opéra » qu'il tente de renouveler avec une nouvelle forme de théâtre musical (*L'Opéra de quat'sous*, 1928). Il faut dire que, jusqu'au lendemain de la Seconde Guerre mondiale, on ne parle pas vraiment de dramaturgie et surtout pas s'agissant des grands titres du répertoire. En Italie même, les mises en scène, ou tout au moins ce qui en tient lieu, sont assurées par une sorte de régisseur maison prenant en charge la mise en espace de toute la programmation de la saison.

Tout au long de la seconde partie du XXe siècle, la question reste entière. Pour Malraux, premier ministre de la Culture,

---

1. Le point de savoir si cette déclaration est antérieure ou non à l'annulation du projet de construction de l'opéra de Bagdad qui lui avait été confié, et pourrait donc relever d'une sorte de dépit amoureux, mériterait d'être éclairci.

l'opéra serait « un divertissement pour concierges dont on ne voudrait pas au casino de Romorantin ». Quant au répertoire, très limité, René Leibovitz pointe, en 1957, que Mozart était une rareté, que l'on ne donne plus Lully et Rameau, que l'opéra baroque est bel et bien mort : « Il semble vain de procéder à des travaux d'exhumation. » Pire, pleinement engagé dans la bataille, le chef d'orchestre et compositeur Pierre Boulez pointait dans une interview fameuse donnée au *Spiegel* en 1967 la difficulté de créer des opéras modernes dans des théâtres où on ne joue que du répertoire : « La solution la plus onéreuse consisterait à faire sauter les opéras. Mais ne pensez-vous pas que ce serait la solution la plus élégante ? » Chez Boulez, cette hostilité aux formes traditionnelles de l'opéra repose sur le constat d'une absence de « réflexion radicale sur le lieu théâtral » (*Histoire d'un « Ring »*) et sur la volonté farouche d'ignorer « l'alluvion des habitudes » : « Laissée le plus souvent entre les mains de personnalités qui se désintéressent totalement de la pensée musicale moderne, l'interprétation des chefs-d'œuvre du passé se modèle sur une "tradition" pieusement déglutie, où la servilité étouffe toute initiative : lettre morte, sinon trahison et tromperie. » Mises en scène ringardes, prix des places exorbitants, troupes routinières, solistes internationaux inabordables, l'art lyrique, en cette fin de millénaire, va mal. Au fond, comme le décrit bien Hervé Lacombe, le xxᵉ siècle est celui de la diversité et de l'unité perdue, « ce qui est insupportable aux réactionnaires (qui voudraient rejoindre le temps perdu de l'unité) comme aux avant-gardistes (qui se voudraient seuls détenteurs de la voie nouvelle) (…). Le xxᵉ siècle lyrique naît dans le renversement vertigineux d'une croyance absolue en la représentation lyrique en un doute systématique porté sur toutes ses composantes, ses présupposés et ses implications, son rôle et son but, sa place dans la société, sa raison d'être esthétique autant qu'éthique, sa signification politique ou idéologique ». Et selon Lacombe, il sera marqué par la confrontation de trois « tendances » fortes, sinon d'écoles : la

« conservatrice », derrière Hans Pfitzner, la « moderniste » avec
Arnold Schönberg et la « cumulative » avec Igor Stravinsky,
Bernd Aloïs Zimmermann, Sylvano Bussotti, Luciano Berio
ou John Adams. En France, les querelles de chapelles font
rage, principalement autour des figures structurantes de Pierre
Boulez et Marcel Landowski, qui croisent le fer par tribunes
de presse interposées.

Pourtant, comme on l'a vu, le nombre de représentations
dans le monde continue d'augmenter, des théâtres s'ouvrent
un peu partout et à Paris, le bicentenaire de la Révolution
française consacre, à la Bastille, le projet d'un opéra populaire
promu par la politique culturelle de la gauche enfin arrivée
au pouvoir sous la Ve République. L'opéra de Carlos Ott
est présenté comme la moins mauvaise réponse à la sclérose
dorée du Palais Garnier.

Ainsi, pour les sceptiques, la mort de l'art lyrique serait
comme l'Arlésienne, dont on parle toujours et qui ne survient
jamais[1]. Pourtant, les menaces autrement sérieuses qui
planent aujourd'hui sur le monde lyrique pourraient bel et
bien sonner la fin de la partie.

---

1. On notera que, dans la nouvelle de Daudet comme dans l'opéra de
Francesco Cilea, *L'Arlesiana* (1897), que Caruso a rendu célèbre aux quatre
coins de la planète, l'histoire se termine fort mal.

ACTE II :
Des modèles économiques
à bout de souffle

Le 28 septembre 2013 reste dans la mémoire de tous les passionnés d'opéra comme une date funeste. Ce soir-là, après la représentation d'*Anna Nicole*, une création de Mark-Anthony Turnage donnée à Londres deux ans plus tôt, le New York City Opera, deuxième opéra de Manhattan à l'histoire glorieuse, ferme ses portes[1]. Depuis, une activité plus modeste et moins centrée sur le lyrique a redémarré, tant bien que mal. Quatre ans auparavant déjà, le Met, confronté à la réduction de son fonds de soutien et à un lourd déficit d'exploitation, avait hypothéqué auprès de la banque JPMorgan Chase les grandes tapisseries de Chagall qui ornent son hall d'entrée. Les tapisseries sont toujours là, mais le symbole est fort.

Décidément, les maisons d'opéra sont mortelles et la menace économique est celle qui se rapproche le plus rapidement. En 2020-2021, la crise de la Covid-19 a

---

1. Le fait que l'opéra soit inspiré de la vie d'Anna Nicole Smith, vedette de télé-réalité, chanteuse et stripteaseuse américaine, morte en 2007 à l'âge de 39 ans, peut être raisonnablement considéré comme sans lien avec la faillite du NYCO.

considérablement accéléré une descente aux enfers que
certains prédisaient depuis des décennies. La sortie de
crise, une fois devenue réalité, ne doit pas conduire à
oublier ces questions préexistantes dont la pertinence sera
à coup sûr encore renforcée.

La Covid-19, accélérateur de péril

Dans *Death in Venice*, créé en 1973, Britten et son librettiste Myfanwy Piper, inspirés par la nouvelle de Thomas
Mann, imaginaient une épidémie de choléra asiatique qui,
malgré le confinement, emportait Gustav von Aschenbach.
Quarante-six ans plus tard, à la fin de l'automne 2019,
quelque part dans la banlieue de Wuhan, un déjeuner avec,
au menu, un pangolin grillé a peut-être décidé de l'avenir d'un
art pluricentenaire[1]. Arrivée en Europe au début de l'année
2020, la Covid-19 a entraîné la fermeture quasi immédiate de
tous les théâtres lyriques d'Europe puis du monde, ainsi que
l'annulation de l'essentiel des festivals de l'été, de Vérone à
Aix-en-Provence, Bayreuth et Glyndebourne, avant que des
saisons entières ne trépassent. À l'Opéra national de Paris,
les pertes ont dépassé les 100 M€; au Met, toute la saison
2020/2021 a été annulée. Et, écho pas si lointain aux déboires
du début des années 2010, le Royal Opera House de Covent
Garden à Londres s'est séparé en octobre 2020 d'un tableau
de David Hockney (*Portrait de Sir David Webster*, ancien
directeur de l'opéra) pour quelque 14 M€.

La situation de certaines maisons davantage subventionnées est plus nuancée : dans la majorité des opéras, en
tout cas en France, un jour d'ouverture, avec les cachets
des artistes et les dépenses annexes jamais compensées par
les recettes de billetterie, est un jour qui coûte plus cher

---

1. On doit à l'honnêteté de dire que, à l'heure où ces pages sont
imprimées, la responsabilité dudit pangolin n'est pas définitivement établie.

qu'un jour sans spectacle. Il y a donc un certain paradoxe à constater que, du strict point de vue des dépenses, le printemps 2020 aura permis à de nombreux théâtres de faire des économies et, lorsque la billetterie ne représente que 15 ou 20 % des recettes, les conséquences peuvent être limitées, dès lors que les collectivités territoriales assurent les arrières, même sans représentations. En d'autres termes, la crise peut être surmontée pour de nombreux opéras. Il reste que la capacité à lancer de nouveaux projets, l'impossibilité pour les équipes artistiques et techniques de travailler ensemble pendant plusieurs mois et l'inquiétude sur l'état des finances publiques, auront des conséquences très négatives. Le monde de l'opéra est entré en phase d'hibernation, sans qu'il soit certain que les conséquences puissent être limitées.

Quant aux artistes, la situation est des plus contrastées. En France, les équipes permanentes des opéras ont vu leurs rémunérations assurées ; les intermittents, nombreux au sein des équipes techniques et parmi les artistes invités surnuméraires, ont bénéficié de décisions favorables garantissant le maintien de leurs droits pour plus d'une année ; le sort réservé aux artistes solistes invités, souvent loin de l'intermittence, a été plus variable et, surtout, les contrats ont petit à petit été annulés avant de disparaître, ainsi que les revenus subséquents de leurs agents. Partout à l'étranger, les musiciens des orchestres, les chanteurs des chœurs et les solistes ont perdu une large part de leurs rémunérations, certains entamant des reconversions dans la livraison à vélo de colis ou de repas…

Dans le même temps, et tout particulièrement au printemps 2020, l'art lyrique a été présent dans les foyers par le truchement du digital. Le Met a ouvert son catalogue en diffusant, chaque jour, gratuitement, des captations, historiques ou récentes. De nombreux artistes y sont allés de leur récital, parfois donné dans des conditions précaires. Le Met, encore lui, a fait fort en organisant en avril 2020 une soirée où plusieurs solistes aussi réputés que Roberto Alagna et Aleksandra Kurzak, Jonas Kaufmann, Bryn Terfel ou Erin

Morley, ont chanté des airs du répertoire… chacun chez soi. Le résultat était réjouissant malgré la qualité variable des captations.

Par-delà le lien maintenu avec le public, l'absence de modèle économique pose question puisque l'essentiel de ces diffusions reposait sur la gratuité et sur l'absence de rémunération des artistes. Le confinement de l'automne 2020 a marqué un progrès certain, plusieurs propositions payantes se faisant jour, l'Opéra de Paris lui-même n'hésitant pas à proposer une représentation sur Facebook pour moins de 5 euros puis une plateforme payante de vidéos à la demande.

La suite de l'histoire est encore très incertaine. Déjà des voix s'élèvent pour dire que « rien ne sera plus comme avant ». Les tournées internationales devraient être moins nombreuses et plus courtes, alors même qu'il s'agit d'une des sources de revenus potentiels pour les opéras d'Europe et que les voyages aux quatre coins du monde font partie intégrante de la vie de nombreux artistes. Au Met, dont la direction cherche par tous les moyens à combler un déficit d'environ 150 millions d'euros, les machinistes ont été mis en « lock-out » depuis décembre 2020 et la construction de décors a été externalisée en Californie et au Pays de Galles ; s'agissant des artistes, un accord a été signé au printemps 2021 avec le syndicat AGMA (American Guild of Musical Artists). Jusqu'en 2024, les cachets versés seront sensiblement réduits, en particulier pour les solistes les plus recherchés, qui perdront 9 % pour les cachets compris entre 10 000 et 11 999 dollars et jusqu'à 12,7 % pour les cachets supérieurs à 14 000 dollars. Ses conséquences sont encore très incertaines : des économies seront possibles ; mais, en particulier pour les artistes européens, confrontés en outre aux coûts des visas, du transport, du logement à New-York, le jeu n'en vaudra pas toujours la chandelle. Sans les chanteurs susceptibles de justifier l'achat de billets de plusieurs centaines de dollars, le Met retrouvera-t-il un équilibre précaire ? C'est l'enjeu des prochaines années.

De fait, on évoque parfois la nécessité de faire travailler d'abord les artistes locaux, le néologisme épouvantable de « locavorisme » ayant même été forgé à cette occasion. Retour au temps de Rossini qui reconnaissait son coiffeur parmi les musiciens chargés d'interpréter sa musique le soir même dans un théâtre romain ou aux législations italiennes de 1923 et 1967 qui imposaient aux spectacles subventionnés d'employer des artistes nationaux ? Cela ne fait pas rêver.

Chateaubriand écrivait dans les *Mémoires d'outre-tombe* que « les moments de crise produisent un redoublement de vie chez les hommes ». « *Magari !* » comme disent les Italiens pour exprimer, en six lettres, tout à la fois le doute et l'espoir. Un autre opéra sera-t-il possible, moins cher, moins pollueur, plus adapté aux attentes du public ? La question de la survie de l'opéra est première.

On peut en effet craindre que le soutien public, déjà réduit comme une peau de chagrin, soit de plus en plus compté et que, à la question de savoir ce que la puissance publique veut pour ses opéras, la réponse soit glaçante. Rien, plus rien ?

Baumol, pas mort

Il en va de Baumol comme d'autres savants dont le nom est associé à une « loi ». Qui a lu Pavlov ou Murphy ? Dans le domaine du spectacle vivant, l'ouvrage publié en 1966 par William J. Baumol et William G. Bowen, professeurs à Princeton, *Performing Arts : The Economic Dilemma*, à la demande de la Fondation Ford qui cherchait à comprendre pourquoi les organismes qu'elle aidait dans le domaine de la culture demandaient des subsides croissants, décrit ce que l'on a parfois appelé « la fatalité » ou « la maladie » des coûts croissants *(« cost disease »)*. Sa lecture, quoique austère, reste d'une grande pertinence. L'opéra n'est pour eux qu'un domaine d'étude parmi d'autres à côté des théâtres de Broadway, des orchestres et des compagnies de danse. Mais, pour l'ensemble des filières du spectacle vivant, le phénomène, désormais connu sous le nom de « loi de Baumol », est comparable.

La maladie des coûts croissants

Le texte de Baumol et Bowen, appuyé sur de nombreuses données collectées auprès des institutions culturelles américaines, met en lumière quelques enseignements de manière lumineuse et chirurgicale.

Primo, dans le domaine du spectacle vivant, le travail est constitutif du « produit » : les activités des équipes techniques et artistiques ainsi que la représentation par les artistes devant le public constituent le bien qu'acquiert celui qui paie le prix du billet. Autrement dit, il s'agit d'une économie de services ou, pour reprendre la formule de l'économiste classique Jean-Baptiste Say, « une économie de la production immatérielle » dans laquelle les produits du travail sont consommés au moment même de leur création.

Deuxio, dans le secteur que Baumol appelle « progressif », c'est-à-dire surtout l'industrie et le commerce, les acteurs économiques réalisent, grâce à leurs investissements et à la formation des salariés notamment, des gains de productivité et des économies d'échelle qui permettent, année après année, de produire plus avec moins ; à l'inverse, dans le secteur dit « archaïque [1] », le capital ne peut pas se substituer au travail, le progrès technologique n'a pas d'effet sur les coûts de production – il peut même avoir un effet négatif, on y reviendra – et aucun gain de productivité ne permet de baisser les coûts de production : il est impossible d'imaginer de réaliser des gains de productivité pour donner un quatuor de Beethoven, une symphonie ou un opéra dont les pupitres et les rôles ont été soigneusement organisés par le compositeur. Pour « produire » un quatuor d'une durée de vingt-cinq minutes, la même durée est requise, aujourd'hui comme il y a cent ans.

---

1. Les artistes apprécieront !

Quant au choix d'un tempo très accéléré, il augmentera facialement le taux horaire des artistes… mais ne permettra pas de produire plus de quatuors dans la même soirée.

Tertio, le problème est que, si, dans le domaine « progressif », les gains de productivité peuvent permettre une augmentation des marges, une baisse du prix de vente et une redistribution aux salariés, le même mécanisme ne fonctionne pas dans le secteur « archaïque ». De plus, les externalités positives caractérisées dès Adam Smith et évoquées par Cavour (retombées économiques indirectes, attractivité, augmentation du niveau culturel…) ne sont pas suffisamment fortes ou mesurables pour compenser cette difficulté. Si les négociations salariales conduisent à accorder les mêmes avantages dans les deux secteurs et notamment les mêmes augmentations salariales, le renchérissement des coûts de production dans le domaine du spectacle vivant est encore aggravé. Les coûts augmentent et les recettes ne peuvent pas suivre, ce qui donne naissance à un différentiel de ressources (*income gap*). Non seulement la durée du quatuor évoqué précédemment reste la même et le temps de travail pour le « produire » n'est pas réduit, mais, en outre, comme la rémunération des artistes est sensiblement plus élevée aujourd'hui qu'au siècle dernier, le problème est mathématiquement évident. L'augmentation du prix des billets n'est qu'une option temporaire et qui a ses limites, pour des motifs politiques (des missions de service public par exemple) ou économiques. L'élasticité, dans une situation de concurrence qui est celle de l'offre culturelle de nos sociétés contemporaines, peut conduire à perdre une large partie du public et il est démontré qu'en cas d'augmentation des prix des billets, le remplissage des salles est plus difficile.

La conclusion de nos deux économistes est évidente : « La tendance de la croissance des prix à demeurer inférieure à celle des coûts signifie simplement que les organisations culturelles ont dû demander de plus en plus d'argent à leurs partenaires. S'il y a, comme nous pouvons le supposer, des limites à l'apport de partenaires privés, des aides supplémentaires doivent venir d'autres sources pour que le spectacle vivant continue de tenir son rôle dans la vie culturelle du pays. »

Ce phénomène n'est pas nouveau : selon Baumol et Bowen, le coût d'une représentation au Royal Shakespeare Theater en 1963, rapporté à celui d'un spectacle produit au Drury Lane Theater entre 1771 et 1776, a été multiplié par près de 14, quand l'indice général des prix a été multiplié par 6. Depuis cette époque, l'équation économique du spectacle vivant est à peu près impossible. Les analyses des deux économistes font ainsi écho à celles de Wagner, l'autre, l'économiste Adolph Wagner (1835-1917). Dans ses *Fondements de l'économie politique* (1872), il a démontré que plus la société progresse et se civilise, plus la population recherche des biens supérieurs, comme la santé, l'éducation, la culture. La courbe des besoins supérieurs augmentant plus vite que celle des revenus, des dépenses publiques sont indispensables pour combler le déficit.

De fait, l'histoire économique de l'opéra – domaine que peu d'autres chercheurs ont exploré, malheureusement – est marquée par des faillites, des fuites à l'étranger, des suicides même, et les *success stories* sont rarissimes. Quelques noms, issus du monde du commerce ou du droit pour l'essentiel, émergent : l'avocat Marco Faustini (1606-1676) écrit les premières belles pages de l'opéra vénitien avec les compositeurs Cavalli et Ziani ; Bartolomeo Merelli (1794-1879), surnommé le « Napoléon des imprésarios », règne sur la Scala pendant quelques décennies ; Domenico Barbaja (1778-1841), ancien garçon de café qui fait fortune en introduisant la roulette dans les casinos, attire ensuite au San Carlo de Naples la fine fleur de l'opéra pendant le premier quart du XIXe siècle, puis conquiert Vienne et Londres ; Louis-Désiré Véron dirige l'Opéra de Paris entre 1831 et 1835 après avoir fait fortune grâce à une pâte pectorale et ses succès se nourrissent de ses méthodes commerciales (entractes plus nombreux et plus longs, lever de rideau plus tardif pour permettre à la bourgeoisie active d'assister au spectacle, etc.) ; plus proche de nous, le parfumeur Jacques

Rouché gouverne avec succès la « Grande Boutique », de 1913 à la fin de la Seconde Guerre mondiale, pendant des années sombres et mouvementées.

Mais pour le reste, Perrin, le premier titulaire de l'Académie royale de musique, finit en prison, comme Osea Francia, imprésario parmesan du début du XIXe siècle ; Antonio Lanari fait faillite et un de ses collègues vénitiens se suicide ; Torribio Calzado, directeur du théâtre italien de Paris de 1855 à 1863, est démis de ses fonctions pour escroquerie, d'autres prennent la fuite. Lorenzo Da Ponte, qui ouvre le premier théâtre réservé à l'opéra aux États-Unis, à New York, sur Leonard et Church Streets, conclut sa deuxième saison en 1834 par un sérieux déficit et en tire une leçon définitive : « New York est plus intéressée par les profits que par la culture. » Pour les plus imaginatifs, l'association du théâtre à d'autres activités lucratives comme des jeux d'argent permet d'élargir la surface financière et d'absorber certains coûts[1].

Dès la naissance de l'opéra, même si l'exploitation est considérée comme de nature privée et commerciale, l'appel au gouvernant-mécène, sur des fonds publics ou privés - la distinction n'est pendant longtemps pas claire -, est une constante car aucun entrepreneur ne peut envisager de récupérer sa mise par la seule exploitation économique du théâtre. L'État s'en mêle : en France, un décret de 1811 de Napoléon institua une taxe sur tous les spectacles au seul bénéfice de l'Académie impériale de musique que Louis XIV a créée cent cinquante ans plus tôt. Ferdinand VI d'Espagne ouvrit un crédit illimité à Farinelli devenu directeur des théâtres royaux, Joseph II d'Autriche subventionna Mozart, Frédéric-Guillaume IV préserva toujours le budget des opéras de Berlin et Louis II de Bavière se montra généreux avec Wagner. En termes juridiques, cela s'appelle un service public, éventuellement confié à une personne morale de droit public lorsque l'initiative privée est défaillante… ou

---

1. L'expérience spectateur, comme source de nouveaux revenus, déjà…

laissé à une personne privée, avec subvention à la clé. Si cela paraît aujourd'hui évident, cela ne l'a pas toujours été et il a fallu attendre une décision du Conseil d'État de 1923, l'arrêt « Gheusi », pour admettre que, dans certaines circonstances, le théâtre de l'Opéra-Comique, alors exploité par une personne privée à laquelle il était concédé, était un service public. Cette jurisprudence a été confirmée à propos du Festival d'Aix en 2007 dans un arrêt « Commune d'Aix-en-Provence ».

Cet appel aux finances publiques, évident il y a encore quelques décennies lorsque « l'État providence culturel », selon l'expression de Dominique Schnapper, se portait bien, bute désormais sur des difficultés bien plus préoccupantes.

Vers une hyperbaumolisation

Le contexte contemporain voit les contraintes économiques s'appesantir dangereusement. Pour une industrie de services, la masse salariale est le premier facteur inflationniste. Il y en a d'autres, et notamment l'augmentation des dépenses de production.

La masse salariale des opéras représente une part très importante des dépenses de fonctionnement. En moyenne en France, les opéras lui consacrent 70 % de leur budget et cette part monte très vite, jusqu'à 85 % pour les maisons qui disposent de « masses artistiques » permanentes, c'est-à-dire d'un orchestre et d'un chœur, parfois d'un ballet de quelques dizaines de danseurs. Or, du fait des augmentations salariales, mécaniques avec l'ancienneté et les négociations annuelles, ce poste de dépenses est dynamique alors même que l'emploi est plutôt en réduction.

Les dépenses de production, elles aussi, connaissent une tendance à la hausse et, lorsqu'elles sont stables dans les budgets des opéras, il y a fort à parier que le nombre de spectacles donnés dans la saison est, quant à lui, en baisse, ce qui signifie une augmentation des coûts unitaires. Les décors, jadis des toiles peintes réutilisables dans de nombreux opéras, *ad libitum*… (la chambre, la cour du château, la forêt…), ont été remplacés à partir des années 1960[1] par des éléments bien réels, en trois dimensions, dont la construction, la maintenance et le stockage coûtent sensiblement plus cher que des peintures disposées au lointain. L'apparition de la vidéo et les progrès technologiques réalisés par exemple dans le domaine du son et de la lumière s'accompagnent dans la plupart des cas non d'économies et de gains de productivité, mais au contraire de coûts plus élevés. L'automatisation de certains projecteurs peut certes éviter le recours à des techniciens chargés de régler l'éclairage de chaque spectacle ; mais d'autres techniques, d'autres matériels font leur apparition[2] – car le progrès et l'innovation sont des réalités aussi dans le monde très artisanal du spectacle – et, avec eux, des coûts nouveaux élevés.

En France, une production lyrique moyenne peut coûter entre 300 000 et 1,5 M€ (hors masse salariale des équipes permanentes). Ces écarts très importants s'expliquent par la longueur variable de l'œuvre, l'effectif du chœur, le nombre de solistes et leur renommée, la présence d'une musique de scène en plus de l'orchestre de fosse et, bien sûr, le projet esthétique de l'équipe artistique : le décor est-il unique pour toute l'œuvre ? Est-il lourd ou plutôt épuré ? Combien de costumes devront être produits ? Dans les plus grands théâtres, les décors à eux seuls peuvent coûter plusieurs centaines de milliers d'euros et l'arrivée de la vidéo sur les plateaux, aujourd'hui quasiment généralisée, si elle a souvent allégé les opérations de construction à proprement parler, a aggravé cette inflation des coûts. Au metteur en scène, dramaturge,

---

1. On cite souvent le *Falstaff* de Zeffirelli au Met en 1964 comme marquant un virage en la matière.

2. Le *mapping* vidéo, qui consiste à projeter des images sur des lieux naturels ou des bâtiments, est de plus en plus régulièrement utilisé sur les plateaux des opéras avec, souvent, des effets saisissants comme à Orange, sur le mur d'Auguste, ou au Sferisterio de Macerata.

costumier, décorateur et éclairagiste, s'ajoutent désormais, de plus en plus souvent, le vidéaste et son équipe de tournage. La location ou l'achat de matériels de pointe (« Non, non, on ne peut pas réutiliser le projecteur d'il y a deux ans ; il est dépassé… »), les droits du vidéaste, la nécessité éventuelle de tourner à nouveau des scènes exposant les solistes qui ont changé contribuent à empêcher toute économie d'échelle et, au contraire, à creuser les déficits. Il n'y a pas de surenchère systématique de la part des équipes artistiques mais simplement l'utilisation, par les créateurs, des techniques qui sont à leur disposition. En outre, les attentes du public doivent être prises en compte. Là où le cinéma, le sport, l'événementiel en tous genres pourraient disposer de techniques impressionnantes qui en mettent plein la vue au public, l'opéra en resterait aux éclairages à la bougie ?

L'analyse de Baumol a été contestée par quelques économistes et notamment par Tyler Cowen (« *Why I Do Not Believe in the Cost-Disease* », 1996), professeur à l'université George-Mason en Virginie. Pour lui, la mesure de la productivité – qui n'augmente pas selon Baumol – ne tient pas compte de la progression qualitative et il est évident que les spectacles d'opéra d'aujourd'hui répondent très souvent à des standards de qualité incomparables avec ceux des représentations du XIXᵉ siècle et même d'une large partie du XXᵉ. De plus, selon Cowen, le fait que les musiciens interprètes du fameux quatuor à cordes puissent, par la radio ou la télé, les enregistrements et le *streaming*, atteindre des millions d'autres auditeurs, en direct ou à la demande, constitue un changement profond dans l'économie de la musique et de l'opéra en particulier. Cowen restant confiant dans le soutien de la puissance publique et dans la capacité des artistes à trouver de nouvelles sources de revenus, sa vision est donc fondamentalement optimiste.

Il est difficile de se prononcer sans étude économétrique approfondie. Force est de constater que, crise du disque aidant, l'impact de la musique enregistrée sur l'économie des opéras est à peu près nul. Aucun opéra du monde, sauf peut-être le Met, mais avec des implications complexes sur la fréquentation physique du théâtre, ne gagne de l'argent avec des enregistrements ou des captations de spectacles. L'idée que la musique enregistrée puisse contribuer au modèle économique des opéras est, sans doute pour encore longtemps, une utopie[1]. Du reste, le titre même de l'article de Cowen surprend : il ne démontre pas que la maladie des coûts croissants est infondée ; simplement, il n'y « croit pas ».

L'intervention de la puissance publique, partout dans le monde, est donc consubstantielle au fonctionnement des opéras. En France, on estime que chaque spectateur appelle une participation financière moyenne de l'État ou des collectivités à hauteur de 140 euros (contre 89 euros pour les scènes nationales dans le domaine du théâtre). La subvention représente 64 % des ressources des opéras – mais plutôt 80 % hors Opéra de Paris –, soit un niveau très proche de celui constaté en Europe (67 %), tiré par le modèle germanique où ce ratio est encore sensiblement supérieur. Même un théâtre comme l'Opéra de Zurich, pourtant société par actions détenues par quelque 2 400 actionnaires, repose sur le soutien du canton

---

1. Les modes d'écoute de la musique sur les plateformes de streaming sont par ailleurs extrêmement défavorables au classique et au lyrique tout particulièrement : pour ne prendre qu'un exemple, les playlists populaires « Classique pour travailler » ou « Classique pour se détendre » sont inhospitalières aux voix lyriques. Lorsque les plateformes de streaming se risquent à y glisser un titre lyrique, elles constatent un taux de « skip » très élevé… et le retirent prestement. Autre exemple : du fait de fichiers mal référencés, il est parfois impossible d'écouter un opéra dans l'ordre des scènes prévu par la partition. À la scène 2 de l'acte 2 succède… la scène 4 de l'acte 1, puis la scène 5 de l'acte 3, ce qui rend l'expérience déroutante. Enfin, ceux qui souhaitent écouter la *Lucia* de Callas enregistrée à Berlin en 1955 sous la direction de Karajan et non celle enregistrée à Milan un an plus tôt avec le même chef, devront faire preuve d'une grande dextérité tant il est difficile de s'y retrouver dans les données, les fameuses *datas*, bien mal utilisées s'agissant du classique.

de Zurich qui verse une subvention à hauteur de 67 % des ressources.

Ces coûts de fonctionnement et de production ont tendance à augmenter du fait d'un autre phénomène peu connu : la prise en charge de la sécurité des équipes et la large inadaptation du droit aux conditions de travail qui règnent dans un théâtre, en particulier lyrique. La scène d'un opéra est, il est vrai, un lieu dérogatoire au droit du travail sur de nombreux plans : le plateau est truffé de trappes, câbles et autres tourelles-lumière, des charges lourdes sont, dans les cintres, suspendues au-dessus de la tête des « salariés » – le ténor, la soprano, mais aussi la danseuse étoile[1]. Les décors, qui sont bel et bien des lieux de travail, ne sont pas faits pour respecter des normes souvent récentes alors même que les livrets d'opéra se réfèrent à un temps où l'inspection du travail n'existait pas ! À lire les règles applicables, le saut de Tosca depuis la terrasse du château Saint-Ange n'aurait pas dû être possible car des barrières de sécurité devraient l'en empêcher. Cela pourrait prêter à sourire, mais le fait est que la confrontation du monde du théâtre et celui du droit peut conduire des artistes à changer leur mise en scène, parfois dans des conditions frôlant le ridicule. Les coproductions, qui sont une des solutions aux difficultés économiques du monde lyrique, introduisent un élément de complexité supplémentaire, tant les législations et les pratiques des différents pays, même européens, sont différentes. En 2018, l'Opéra du Rhin a ainsi dû renoncer à accueillir un *Pelléas et Mélisande* à cause de la non-conformité à la législation française des décors qui avaient été fabriqués en Belgique et en Italie. À Paris, la mise en scène de *De la maison des morts* de Janáček imaginée par Patrice Chéreau a dû être modifiée car l'inspection du travail n'acceptait pas que les artistes puissent apparaître dans une tour, avec un balcon sans garde-corps... alors même que le

---

1. À part dans certaines productions très particulières, le casque de chantier ne fait pas partie de leur costume de scène.

spectacle avait déjà été donné à Vienne, à Amsterdam et même à Aix-en-Provence[1]. Devant les menaces d'interdiction pure et simple du spectacle, le passage incriminé a été modifié. À Londres, c'est le niveau sonore des trompettes de l'orchestre qui est soupçonné d'avoir causé, dans une série de *Walkyrie* dirigées par Antonio Pappano en 2012, des dommages irréparables aux oreilles d'un altiste assis juste devant ses collègues, en méconnaissance d'une directive communautaire de 2003 sur la protection des travailleurs[2]. La High Court of Justice a condamné le Royal Opera House de Covent Garden à indemniser le salarié.

Surcoûts, impact sur les choix artistiques, modification des fosses d'orchestre… la confrontation du monde lyrique avec le droit du travail, sous la vigilance des organisations syndicales, est explosive et potentiellement synonyme d'impasse. Il est bien clair que la sécurité doit primer car, aussi attaché qu'on puisse l'être à l'art, les risques pour les personnes doivent être absolument éliminés. Le souvenir de l'accident dramatique de Séville en 1992 reste dans toutes les mémoires : à l'occasion d'un *Otello* mis en scène par Petrika Ionesco, un artiste des chœurs de l'Opéra de Paris avait perdu la vie et plusieurs autres avaient été sérieusement blessés, à la suite de l'effondrement d'un décor. Mais la rigueur protectrice du droit du travail doit pouvoir admettre la liberté de création, sous la responsabilité de la direction de l'établissement, et en assurant la meilleure information des instances représentatives des salariés.

Quant aux costumes, les visiteurs des ateliers de confection s'étonnent toujours : « Mais pourquoi utilisez-vous d'aussi

---

1. Sauf erreur, en France, le Code du travail est pourtant le même partout…

2. Le fait que cette directive ait pour objet de protéger contre les risques dus aux « bruits » et ait été appliquée à propos de la *Walkyrie* ne doit pas conduire à des interprétations malveillantes à l'endroit de la musique de Richard Wagner.

beaux tissus ? Pourquoi l'intérieur de la poche est-il doublé ?
Vous pourriez faire des économies ! » Indépendamment même
de toute considération sur le respect dû au public (« Et si
jamais le baryton mettait la main dans la poche au quatrième
acte et révélait à la vue de tous la très moche doublure du
tissu ? »), les captations en haute définition rendent les détails
beaucoup plus visibles qu'auparavant et, compte tenu du prix
qu'ils acquittent, les spectateurs doivent pouvoir exiger la plus
grande qualité. Cela n'exclut naturellement pas que, lorsque
l'esthétique du projet est contemporaine, les costumes soient
achetés dans le magasin du quartier. Il n'y a évidemment pas
de sur mesure pour un jean ou un tee-shirt.

Du côté des solistes, les opéras du monde peuvent se
féliciter de ce que les cachets ne connaissent pas une telle
inflation. Le monde de l'opéra n'est pas celui du football et
les solistes ne sont pas des mercenaires à l'affût des cachets les
plus mirobolants. La question de la rémunération des artistes
lyriques est délicate, d'abord car il n'y a pas grand-chose de
commun entre une superstar, le chanteur qui enchaîne difficilement des seconds rôles aux cachets modestes et le membre
salarié d'une troupe germanique. Pour tous, les salaires sont
capés et je déconseillerais vivement à un jeune aimant l'opéra
de se lancer dans la carrière au seul motif de chercher à
faire fortune. Rémunération des agents (plafonnée à 10 %
du cachet par le Code du travail), dépenses d'hébergement à
l'autre bout du monde, gardes d'enfants parfois, transport,
fiscalité complexe, risques non couverts liés aux maladies
qui empêchent de chanter (leur instrument de travail, c'est
leur corps !), longueur incertaine de la carrière (à 62 ans, la
voix n'est vraiment plus ce qu'elle était, surtout pour les voix
aiguës…), même pour les artistes les mieux payés au monde,
il est difficile de faire fortune.

Pour la crème de la crème, une quarantaine d'artistes
tout au plus, le cachet par représentation peut atteindre
15 000 euros, ce que l'on appelle le « *top fee* », voire davantage pour quelque superstar à laquelle on réservera également

un appartement luxueux et des droits audiovisuels très favorables en cas de captation. Pour de tels artistes, une série de six ou sept représentations, après cinq ou six semaines de répétitions, non payées – mais parfois indemnisées de manière forfaitaire –, peut donc représenter environ 100 000 euros avant paiement de l'agent et des impôts. Répéter quatre ou cinq fois dans l'année une telle série représente une très belle rémunération que justifie la rareté de leur talent. Il y a, dans ce club très fermé, plus d'hommes que de femmes, et beaucoup plus de ténors et de sopranos que de barytons ou de mezzos. On y compte, sur les doigts d'une main, quelques rares chanteurs français. Plus nombreux sont les artistes dont les cachets par soirée sont encore supérieurs à 10 000 euros : environ 80 chanteurs et une cinquantaine de chanteuses peuvent y prétendre et, là encore, les artistes français sont peu nombreux. Les chefs lyriques ne sont pas une ressource moins rare : seule une petite vingtaine d'artistes au monde peut prétendre à des cachets supérieurs à 15 000 euros par soirée. Pour l'immense majorité des autres artistes lyriques, les cachets sont plutôt de l'ordre de quelques milliers d'euros au mieux, notamment dans les théâtres de moindre importance. Pour tous, et surtout pour les stars, les récitals, concerts de gala, voire soirées privées, constituent, depuis le xviiie siècle, des sources de revenus complémentaires très importantes, avec des rémunérations qui peuvent dépasser le triple ou le quadruple des cachets réguliers pour une soirée lyrique et cela sans devoir consacrer de longue semaines aux répétitions.

Pour les établissements employeurs, ce poste de dépenses est important et les cachets des solistes pour une soirée dans les plus grands opéras du monde représentent environ 80 000 euros en moyenne. Pour les œuvres qui requièrent un grand nombre de solistes, le total sera beaucoup plus élevé. Tout est question d'équilibre dans la saison, entre une *Tosca* et un *Guerre et Paix* ou un *Boris Godounov*. Le point important est que ce poste de dépenses est stable, depuis plus de quarante ans : dans les années 1980, le *top fee* ne dépassait pas 90 000 francs... soit un peu moins de nos 15 000 euros d'aujourd'hui.

L'impossible « income gap »

Face à cette inflation inévitable des coûts de production, que faire avec les recettes, et notamment la billetterie, pour tenter de résoudre cet « écart de revenu » caractérisé par Baumol, cette « crise des ciseaux » qui voit s'éloigner de plus en plus la courbe des dépenses, en augmentation, et celle des recettes qui, au mieux, stagnent ?

La question du prix des billets à l'opéra est un de ces faux débats qu'adorent les Français : « Comment ? 210 euros le billet à l'Opéra de Paris, et même 231 euros à certaines dates ! Scandale ! Je paie déjà assez cher avec mes impôts. »

Indépendamment de tout jugement qualitatif sur ce que l'on peut voir pour ce prix, quelques comparaisons s'imposent pour raison garder. Au Parc des Princes, pour un match ordinaire de ligue 1 du club de football parisien, certaines places dépassent les 1 500 euros (sans cocktail !) et ce prix s'élève encore nettement lorsqu'un cador européen, comme le Real Madrid ou le Bayern de Munich, vient jouer dans la capitale. « Johnny Halliday, un soir à l'Olympia » à l'hiver 2019 ? 100 euros. Or, la résurrection de la star décédée en 2017 n'est pas garantie : il s'agit de l'interprétation de ses grands titres par d'autres artistes et, pour certaines tournées, par des sosies... La tournée d'adieux d'Elton John ? 222,50 euros. Un jour dans les parcs Disney ? 112 euros. On est exactement dans les prix moyens de l'Opéra de Paris. Ailleurs en France, les prix descendent vite et dans les plus grands opéras de région, Lyon, Marseille, Toulouse, Bordeaux, les prix maximaux dépassent à peine les 100 euros, avec des prix moyens de l'ordre de 45 euros.

À l'international, les comparaisons sont également instructives. Zurich, Barcelone, Milan, Londres, New York, Munich pratiquent des prix supérieurs, et souvent nettement supérieurs, aux prix de l'Opéra de Paris, y compris et surtout car le niveau de subventionnement est en général inférieur.

Il faut garder à l'esprit que chaque public et chaque ville sont différents et il est difficile de généraliser le rapport au prix du billet. Il y a dans ce domaine une mauvaise et une bonne nouvelle. La mauvaise tient à ce que l'élasticité au prix est très forte. Augmentez le prix des billets, le public viendra moins. La bonne ? Quand on baisse les prix, le public revient. L'élasticité n'est donc pas asymétrique, ce qui laisse un léger espoir aux directeurs d'opéra… à condition qu'ils arrivent à baisser les prix, ce qui est, on l'a vu, presque impossible.

Cette équation pose ainsi des questions fondamentalement politiques : doit-on augmenter sans fin les subventions publiques, qu'elles viennent de l'État ou des collectivités locales dans un contexte de tensions fortes sur les budgets publics encore aggravées par la crise de la Covid ? Doit-on encourager l'initiative privée, par exemple *via* des incitations fiscales, à pallier la baisse des subventions ? Le niveau des prix peut-il augmenter jusqu'à viser un équilibre économique et si oui, avec quelles conséquences pour les missions de service public ? Peut-on laisser cette équation infernale dégrader l'économie des théâtres en attendant que quelque chose se passe enfin ? Les réponses sont malheureusement dans les questions, ce qui ne simplifie pas la tâche des directeurs…

Stagione *ou répertoire ?*

La question se présente de manière quelque peu différente selon que le théâtre fonctionne en appliquant un mécanisme dit « de la saison », *stagione* en italien, ou de répertoire. Pourtant, la maladie des coûts croissants y fait des dégâts équivalents.

Cette distinction constitue une *summa divisio*, une ligne de démarcation entre les opéras du monde, qui vient de l'histoire, des habitudes du public, des modèles de production et des rythmes de travail. Le public peut la percevoir à la seule lecture de la programmation de son théâtre habituel en vérifiant le nombre de spectacles différents proposés : si on joue plus de quatre fois par semaine et si on retrouve des *Rigoletto* et des *Flûte enchantée* chaque saison ou presque et, tout au long de l'année, on est en mode répertoire. Si les titres sont en nombre plus limité, parfois plus originaux, et s'ils se succèdent par séries d'au moins cinq ou six dates, concentrées à certains moments de l'année, alors, le théâtre fonctionne en *stagione*.

Le mécanisme du répertoire consiste en une offre très large, chaque année et chaque semaine, d'un grand nombre de titres, du baroque au contemporain, présentés par des artistes qui ne disposent pas d'un important temps de répétition – voire pas de répétitions du tout. Système dominant dans l'aire germanophone, le « répertoire » repose sur l'existence d'une troupe avec de jeunes chanteurs (entre une petite dizaine de membres de l'« Ensemble » à Chemnitz, une trentaine à Stuttgart et une centaine à Graz) capables d'assumer des rôles différents d'un jour à l'autre pour le meilleur et pour le moins bon, si la partition est moins adaptée à la vocalité de l'artiste ou si ce dernier est fatigué par l'enchaînement de soirées sur scène. Pour le public fidèle, c'est moins la production, la mise en scène, la nouveauté et la distribution qui comptent que le titre qu'il prend plaisir à revoir, année après année. L'abondance de l'offre permet aussi la multiplication d'actions éducatives et culturelles, d'autant plus que les prix pratiqués sont en général bas. Le spectateur allemand, par exemple, a la quasi-certitude de pouvoir assister chaque année à un *Parsifal* ou à un *Faust* à quelques dizaines de kilomètres de chez lui, tout au plus. Ce défi est impossible à relever pour un spectateur français ou italien habitué au fonctionnement en saison de leurs opéras. Le « répertoire » incarne le service public local : les mises en scène sont ce qu'elles sont, les nouveautés sont plus rares qu'en saison et le remplissage n'est pas le souci premier des directions. Avec des prix bas et des subventions élevées, jusqu'à 85 % des budgets, l'équilibre économique n'est pas un enjeu. Les frais fixes de ces théâtres sont élevés, puisque émarge au budget l'ensemble de l'équipe artistique. Mais la puissance publique est là.

De l'autre côté du monde lyrique, le mot *stagione* fait référence aux saisons des opéras des XVIIIᵉ et XIXᵉ siècles – et surtout la saison du Carnaval, débutant juste après Noël -, où l'offre de spectacles reposait d'abord sur les créations et les nouveautés différentes chaque année. Aujourd'hui, le nombre de spectacles proposés chaque saison est moins important, d'une demi-douzaine à une vingtaine selon les théâtres, avec une part de nouveaux spectacles très variable. Pour chaque titre, des artistes invités travaillent la mise en scène avec soin, pendant plusieurs semaines et jusqu'à deux mois pour les nouvelles productions, ce qui garantit, en principe, un haut niveau d'excellence. L'inconvénient est l'offre plus réduite : à la fin de la série, le spectacle est remisé en containers et stocké jusqu'à une hypothétique reprise, deux ou trois ans après. Le nombre de titres différents proposés chaque saison étant moins important qu'en répertoire, certains opéras peuvent patienter des décennies avant d'être à nouveau à l'affiche : à Paris, le public n'a plus vu de *Nabucco* depuis septembre 2000, là où les Viennois ont assisté au drame babylonien en 2011, 2015, 2018 et 2020 ; à Lyon, un titre aussi populaire que *La Bohème* n'a pas été donné pendant plus de trente ans et la dernière production des *Maîtres chanteurs de Nuremberg* de Wagner remonte à 1972 !

La pureté des caractéristiques de cette ligne de démarcation s'est atténuée au fil des ans. Vienne, temple du répertoire, prend des couleurs saisonnières et dans les opéras en saison, on cherche à jouer de plus en plus et à répartir les séries dans l'année, pour toucher un public plus large et amortir les productions nouvelles. Du reste, il n'y a là nulle martingale et si un système fonctionnait mieux que l'autre, cela se saurait depuis longtemps. Les avantages et inconvénients s'équilibrent et, en outre, passer de l'un à l'autre et changer l'organisation du travail est tellement complexe qu'il n'y a pas vraiment d'exemple de bascule.

Dans les deux cas, les hypothèques pèsent lourd : côté répertoire, le soutien encore massif des collectivités locales ou de l'État, comme à Vienne et dans toute la zone germanique, permet de résoudre l'équation, grâce à l'amortissement des productions sur de nombreuses années. Côté *stagione*, l'équation dépend surtout d'un niveau plus élevé des prix et d'un nombre de levers de rideau inférieur. Les deux systèmes sont donc très différents pour le public et pour les équipes des théâtres, techniques comme artistiques. Mais d'un point de vue économique, dans les deux situations, le soutien de la puissance publique est également indispensable.

Le non-modèle économique de la sébile

Au premier rang du Met à New York, Alberto Vilar avait l'habitude de s'asseoir toujours à la même place, juste derrière le chef d'orchestre. Depuis 1995, cet homme d'affaires américano-cubain et opéraddict, classé par Forbes en 2002 au 256e rang des plus grandes fortunes américaines, a contribué à dix nouvelles productions des titres les plus populaires – *Carmen*, *La Cenerentola*, etc. – à hauteur de 2 M$ pour chacune, et a soutenu le programme de développement des jeunes artistes, à hauteur d'une douzaine de millions. En contrepartie, le théâtre a donné son nom à un balcon (le « Vilar Grand Tier ») et au restaurant qui accueille le public après le show. Les opéras de Los Angeles et de Chicago, les festivals de Bayreuth et de Salzbourg, comme le concours Operalia de Plácido Domingo ont bénéficié des poches profondes d'Alberto Vilar qui, au total, aurait donné plus de 225 M$ à des institutions musicales. Jusqu'au 26 mai 2005. Vilar a alors été arrêté pour fraude fiscale et condamné en 2010 à neuf ans de prison. La poche profonde s'est refermée ; « le puits s'est asséché », comme l'écrit dans ses mémoires Joe Volpe, alors *general manager* du Met. Et le balcon a été débaptisé.

Un peu partout en Europe, le financement public de l'art lyrique se rétracte et a été compensé, à des niveaux variables, par la montée en puissance du mécénat. Ce constat est valable au niveau des États comme des collectivités infra-étatiques même si, s'agissant du mécénat d'entreprise, dans un pays comme la France, la centralisation de la vie des affaires dans la capitale biaise toute comparaison.

Les données relatives à l'Opéra de Paris sont emblématiques.

En 2001, la subvention s'élevait à 97,2 M€, soit un peu moins des deux tiers des ressources de l'établissement, chiffre qui dépassait encore 85 % du budget à la fin des années 1970. Au début du XXIe siècle, la billetterie ne dépassait pas une trentaine de millions d'euros et le mécénat moins de 5 millions : la loi du 1er août 2003 sur le mécénat, dite loi Aillagon, une des plus favorables au monde pour le secteur culturel, mais aussi du sport ou des actions caritatives, n'avait pas encore été votée. La subvention a augmenté, jusqu'à 106 M€ en 2010 et 2011.

Depuis, tout a changé, insidieusement. Les prix ont augmenté, considérablement : alors que, entre 2001 et 2018, l'inflation cumulée est estimée à 28 %, les recettes de billetterie, à jauge à peu près constante définie par le nombre de levers de rideau et de places proposées à la vente, ont augmenté de 117 %. D'une trentaine de millions, la billetterie en est arrivée à peser près de 80 M€ dans le budget de l'Opéra. Parallèlement, les recettes de mécénat ont triplé, passant de 6 millions en 2009 à 18 millions en 2018.

L'État s'est frotté les mains : la baisse de la subvention, réduite à 95 M€ à partir de 2018, soit une dizaine de millions d'euros inférieure chaque année, a pu se faire sans dégâts apparents, avec un nombre de spectacles inchangés et des salles également pleines.

Reste que l'Opéra de Paris, établissement public, est désormais financé à plus de 55 % par les spectateurs, par les mécènes, par les visiteurs du Palais Garnier et par différentes recettes « de poche » devenues indispensables à son activité quotidienne. Jadis, l'État finançait le « théâtre en ordre de marche », tandis que l'Opéra avait la responsabilité de financer ses productions artistiques (environ 40 M€ par an) par la billetterie et les autres activités. Aujourd'hui, ce n'est plus le cas, situation unique en France et exceptionnelle en Europe : la billetterie et le mécénat financent une partie du fonctionnement courant. Quant à l'investissement, il est faible, alors même que les besoins du Palais Garnier et du gigantesque vaisseau de Bastille sont considérables.

On entend d'ici les représentants de l'école du *public choice* se réjouir : « La marche vers un fonctionnement économique rationnel est engagée ! La culture d'entreprise est en train de gagner même l'Opéra de Paris ! »

La réalité est que ce modèle économique n'en est pas un, d'une part, car il est fragile et, d'autre part, car, à court ou moyen terme, il n'est pas soutenable. L'augmentation des coûts ne peut reposer sur celle des ressources privées, à due proportion, et la dynamique de ces dernières ne pourra jamais suivre le rythme imposé par le fonctionnement de la maison. Si le mécénat a comblé jusqu'ici l'écart de revenu décrit par Baumol, il est certain que le modèle a atteint ses limites.

Le poids pris par le mécénat n'est pas, en soi, critiquable. Les opérateurs de la culture ont appris, y compris dans les opéras, à proposer des projets enthousiasmants, à convaincre, à séduire. De plus en plus, les mécènes, qui, dans d'autres domaines artistiques et notamment les arts plastiques, achètent des biens, valorisables sur un second marché, ou construisent des lieux prestigieux, aident désormais des projets et non des institutions. Les grandes banques, les marques du luxe, quelques individus (la France compte quelques riches, tout de même) rechignent à financer les fins de mois de l'établissement, mais peuvent s'enthousiasmer et se montrer très généreux pour telle nouvelle production ou, encore plus facilement, pour une action en direction des jeunes des banlieues et de l'éducation artistique. Les échanges avec les mécènes sont souvent stimulants et peuvent appeler de la part des acteurs de la culture des remises en cause profitables. Du reste, certaines entreprises mécènes savent aussi donner du sens à leur action, au-delà des cocktails d'entracte et autres externalités positives : je me rappelle un chef d'entreprise, important mécène du ballet de l'Opéra, qui, outre quelques collègues du CAC 40, invitait surtout ses propres salariés, employés et agents de maîtrise venus de l'autre bout de la France et qui n'avaient jusqu'alors jamais mis les pieds au Palais Garnier. Le mécène est, dans ce cas, un ambassadeur de l'art lyrique.

Il faut aussi noter que les dons sont de plus en plus « fléchés » sur l'action précise choisie par le mécène, ce qui limite la faculté des opéras à financer, grâce à eux, le tout-venant et les salaires du « théâtre en ordre de marche ». À l'inverse, le directeur d'opéra doit être suffisamment indépendant et avoir les reins solides pour refuser que des mécènes ne s'immiscent dans des choix artistiques. On raconte qu'une Mrs Vanderbuilt, riche mécène du Met, arrivait toujours en retard… et qu'elle n'avait jamais pu entendre « *Celeste Aïda* », l'air d'entrée du ténor au tout début de l'œuvre. Elle demanda que l'air soit déplacé un peu plus tard dans l'opéra… ce qui fut fait compte tenu des arguments « auxquels on ne résiste guère » comme dit le lieutenant Zuniga à l'acte 2 de Carmen ! Les managers généraux du Metropolitan Opera décrivent très précisément les relations complexes avec le « *board* » de 105 membres et les 37 « *managing directors* » dont on attend, chaque année, un don d'au moins 250 000 $. La tentation de donner des conseils sur la programmation et sur le casting, ou de se plaindre du metteur en scène – les riches New-Yorkais mécènes du Met sont notoirement conservateurs – est permanente et la résistance du directeur est constamment mise à l'épreuve…

Outre la vulnérabilité artistique à l'immixtion et aux desiderata des sponsors, la fragilité principale tient davantage au contexte économique global, aux évolutions toujours possibles de la législation et, enfin, aux questions de personnes, aussi contingent et curieux que cela puisse paraître.

L'impact du contexte économique est évident. Une crise, globale ou circonscrite à un secteur donné, voire à l'entreprise mécène la plus généreuse, et les budgets attribués aux opérations de relations publiques et de mécénat sont les premiers à souffrir. La chute de Lehman Brothers et la crise qui s'en est suivie en 2008-2009 ont entraîné une réduction des budgets de sponsoring et de mécénat notamment aux États-Unis avec pour conséquence la fermeture de maisons de culture et notamment des opéras. Quand l'argent devient rare, pourquoi donner à l'opéra ?

L'évolution de la législation sur le mécénat est un deuxième facteur de fragilité. Les particuliers comme les entreprises mécènes bénéficient de défiscalisation, sous une forme ou sous une autre, et de manière plus ou moins avantageuse selon les pays. En France, cette mesure permet de déduire des impôts (impôt sur la fortune ou sur les sociétés) jusqu'aux deux tiers du don. Derrière le mécène, il y a le ministère des finances qui perd, avec ces dons, de précieuses recettes fiscales. L'avantage fiscal n'est pas la seule motivation, sans doute, car les patrons des grandes entreprises sont sensibles aux externalités positives et à tout ce que l'opéra peut apporter en réputation et en statut social ; mais toute réduction de cet encouragement au don envoie un message négatif. La France, qui dispose d'une des lois les plus favorables au mécénat, encourt clairement ce risque. L'émoi devant le coût pour le contribuable de la construction de la Fondation Louis Vuitton au bois de Boulogne (le budget initial estimé à 100 M€ s'est conclu aux alentours de 800 M€) ou encore devant les pratiques des entreprises de la grande distribution qui défiscalisent le don de leurs invendus aux associations caritatives, est sans aucun doute légitime et le coût annuel des avantages fiscaux approche du milliard d'euros. Pour autant, supprimer ou réduire drastiquement ce dispositif pour tout le monde, au motif que certains ont abusé, comme cela fut fait en 2019, pénalise gravement l'ensemble du monde de la culture et les acteurs lyriques en particulier. De fait, la progression du mécénat à l'Opéra de Paris a été stoppée net, sans doute durablement. Et même si elle repart, comment imaginer que le mécénat puisse atteindre 30, 40, 80 M€, ce que la progression des coûts et la stagnation de la subvention requerront un jour ou l'autre.

Enfin, la question de la personnalisation des décisions des mécènes est une autre fragilité majeure. Que le successeur du P.D.-G. de telle ou telle entreprise mécène, éventuellement inspiré par les goûts de son conjoint, décide que le rugby est infiniment plus intéressant, ou plus social, ou plus valorisant que l'art lyrique, et la stabilité économique d'une maison d'opéra sera en danger.

Aller chercher les mécènes à l'étranger ? L'idée est présente chez tous les responsables de maisons d'opéra. Depuis une vingtaine d'années, les « Amis américains », *American friends* en version originale, se sont multipliés pour les plus grandes maisons européennes et l'Opéra de Paris, la Scala de Milan, la Staatsoper de Berlin et Covent Garden ont des associations partenaires basées à New York. L'exploration plus lointaine de la côte Ouest ne devrait pas tarder. Quant à Vienne, son taux de subvention la dispense encore de ces difficiles et lointaines aventures.

Tout argent n'est pas bon à prendre et l'ancien surintendant de la Scala de Milan, Alexander Pereira, l'a appris à ses dépens. Contre la coquette somme de 15 M€ sur cinq ans, Pereira était prêt à faire entrer le ministre de la Culture saoudien dans son conseil d'administration. L'affaire Khashoggi, du nom de ce journaliste découpé en morceaux par des sbires de Riyad à l'automne 2018, est passée par là et la Scala de Milan a reculé et rendu l'argent. Demain, alors que tous les regards se tournent vers le Golfe, l'Asie centrale ou l'Extrême-Orient, qu'adviendra-t-il des mécènes historiques confrontés à des chocs de valeurs dans ce genre ? Les opéras d'Europe sont-ils prêts à tout pour boucler leur budget ? Ces questions sont déjà le quotidien des dirigeants d'opéras. Mieux vaut avoir les principes et les valeurs bien clairs à l'esprit pour ne pas succomber à la première offre venue.

Le confort du dirigeant des années 1980 qui attendait que la subvention tombe n'était à coup sûr pas la meilleure manière de manager un opéra, de s'interroger sur l'innovation et sur la meilleure réponse aux attentes du public. Mais l'impossibilité, à court ou moyen terme, de boucler des budgets où les dépenses augmentent et où les recettes stagnent, n'est pas davantage la solution pour assurer la création, la qualité et la vie du spectacle vivant. À cela s'ajoute une préoccupation majeure liée aux investissements. Produire des spectacles coûte cher ; entretenir l'outil de production, moderniser les équipements, veiller à la sécurité du public (les théâtres brûlent volontiers, même de nos jours[1] et les conséquences de l'attentat du Bataclan en 2015 se font toujours sentir…), se doter d'outils digitaux coûte extraordinairement cher. Si les résultats d'exploitation se dégradent et si la puissance publique ne donne pas à ses opérateurs les moyens d'investir, où vont les opéras ?

Inquiétudes internationales

Ces réflexions, qui mêlent données économiques théoriques et factuelles, caractérisent des menaces qui ne se sont pas encore réalisées pour la plupart des théâtres d'Europe. L'État fédéral allemand et surtout les Länder, en France l'État et les collectivités locales répondent encore présents. Outre-Atlantique, la tempête est malheureusement plus avancée.

---

1. Rien qu'au xxe siècle, l'opéra de Marseille en 1919, le Grand théâtre de Genève en 1951, le Liceu de Barcelone en 1994, la Fenice de Venise en 1996, sont partis en flammes avant d'être reconstruits.

Cassandre américaine

Le continent américain, tout particulièrement au nord, a insufflé une formidable vitalité au monde lyrique pendant la seconde moitié du XXe siècle. Le paysage lyrique y est aujourd'hui dévasté.

Les théâtres se sont ouverts à un rythme soutenu et des artistes aussi importants que Bob Wilson, Philip Glass ou Robert Carsen y ont enregistré leurs premiers succès avant de déferler ensuite sur l'Europe. Dans le domaine de la voix, l'école américaine du chant s'est épanouie au moment de la *Rossini renaissance* avec Marylin Horne, June Anderson, Rockwell Blake, Samuel Ramey, Chris Merritt ou Lella Cuberli et quelques autres artistes exceptionnels. Des chefs comme Lorin Maazel, Kent Nagano ou James Conlon ont également conquis le monde lyrique.

Depuis la fin des années 1990, même si les excellents chanteurs américains ne manquent pas, la situation est moins riante, surtout du côté du public. James Conlon, ancien directeur musical de l'Opéra de Paris et aujourd'hui à Los Angeles, le dit avec des mots très sombres : « Les arts ont abandonné les écoles américaines dans les années 1980 ; toute la musique a disparu. Nous avons maintenant une génération d'adultes qui font de l'argent, qui accomplissent ce qu'ils pensent être les objectifs de leur vie mais qui n'ont jamais eu aucun contact avec aucun art classique, ni la musique, ni la littérature. Pour moi, c'est une disgrâce nationale. Et une tragédie. Et un danger. Parce que quand vous avez une population qui n'a pas de contact avec les racines de notre propre civilisation, vous avez une population qui est capable de faire des erreurs terribles. » Si, comme on le pense souvent, les pratiques américaines annoncent le futur européen, il y a de quoi être préoccupé.

D'abord, les opéras américains sont de moins en moins pleins. La fréquentation au Metropolitan Opera, toujours supérieure à 90 % jusqu'aux années 2010, était, avant la Covid, en chute libre, à environ 67 %. Certes la salle est grande (3 800 places) et elle donne beaucoup de spectacles (environ 225) tout au long de l'année. Mais lorsque le navire amiral de l'art lyrique aux États-Unis tousse, les autres institutions sont sérieusement malades. À Chicago, le Lyric Opera, une des plus grandes institutions culturelles du pays, a réduit d'un quart le nombre total de levers de rideau proposés (environ 60 chaque saison), en intégrant dans la programmation une comédie musicale pour compenser les pertes.

Deux phénomènes au début des années 2000 ont provoqué des dégâts importants. Après le 11 septembre 2001 d'abord, la fréquentation dans les théâtres, en particulier à New York, s'est effondrée, causant des pertes économiques importantes. Entre 2000 et 2010, on estime à près de 30 % la chute de la fréquentation dans les opéras américains et même à plus de 50 % pour les maisons les plus importantes. Le nombre des abonnés a lui aussi baissé nettement : à San Francisco, alors que les trois quarts des billets étaient acquis par des abonnés il y a quelques décennies, cette proportion est désormais inférieure à la moitié ; au Met, c'est même moins d'un cinquième et, pour remplir désormais à 75 % la salle en moyenne sur la saison (on appelle cela la « jauge physique »), alors que ce taux était systématiquement supérieur à 90 % dans les années 1980/1990, le Met doit consentir à de nombreux rabais et des tarifs de dernière minute, ce qui conduit la « jauge financière » à se réduire à 67 %. En clair, pour remplir la salle aux trois quarts, le Met baisse ses prix et n'encaisse que les deux tiers de la recette maximale potentielle. Évolution des modes de consommation avec des décisions d'achat de plus en plus tardives, modification des attentes et des goûts du public confronté à des productions conservatrices, difficultés économiques des opéras, place croissante du digital en particulier à domicile, voire diffusion des spectacles dans les salles de cinéma, les explications ne manquent pas.

La crise financière de 2008-2009 a ensuite conduit à une réduction drastique du mécénat. Plusieurs maisons d'opéra importantes ont ainsi fermé leurs portes dans les années 2008-2009, juste après la crise financière qui a suivi la faillite de Lehman Brothers en septembre 2008. Il y eut en 2009 la faillite du Connecticut Opera, fondé en 1942, après un *Don Giovanni* calamiteux et une brutale chute des dons des mécènes ; il y eut encore la fermeture de l'Opera Pacific, sur la côte Ouest et, toujours en 2009, de la Baltimore Opera Company, fondée en 1950 par la légendaire soprano Rosa Ponselle. La faillite du New York City Opera en 2013 a été un coup de tonnerre mondial. Baptisé l'opéra du peuple par le maire de New York Fiorello La Guardia en 1944, le théâtre proposait un répertoire original en anglais, dans lequel de nombreux chanteurs de premier plan ont fait leurs débuts. Depuis quelques années, la vie lyrique a repris, tant bien que mal, mêlant titres du répertoire (*Tosca* a fait la réouverture en 2016, dans les décors et les costumes de la production originale de... 1900 !), spectacles en plein air et *musicals*.

Dans toutes les maisons en difficulté, l'enchaînement se répète comme une énième reprise d'un mauvais spectacle. Alors que les goûts du public le portent plus spontanément vers d'autres types d'*entertainment*, les coûts fixes des théâtres continuent à augmenter et la billetterie – qui pouvait couvrir jusqu'à 60 % du « théâtre en ordre de marche », le reste étant pris en charge par le mécénat – ne suffit plus. Les abonnés sont moins nombreux, ce qui, quasi mécaniquement, entraîne une baisse du nombre de mécènes. Les budgets se tendent et un choc externe – une crise financière par exemple – ou interne – des productions ratées successives – suffit pour envoyer une maison au tapis.

Résultat : si quelques théâtres d'opéra surnagent, non sans difficultés, l'offre lyrique dans l'ensemble de l'Amérique du Nord s'est réduite. Certains optimistes voient dans la transformation de plusieurs institutions un motif d'espoir. On donne des spectacles raccourcis, on adapte des versions plus simples, avec moins de musiciens et de choristes. Les États-Unis ont inventé l'opéra *low cost*... Pour redémarrer vraiment ou pour survivre quelque temps encore ?

Menaces sur l'Europe lyrique

La situation européenne est plus contrastée, d'abord parce que le modèle économique est très différent dans chaque pays.

Les faillites d'opéras restent rares. On se rappelle la fermeture à rallonge de l'Opéra de Lille tout au long des années 1980 et 1990, du fait de problèmes financiers et de rivalités politiques ; au Royaume-Uni, celle de l'Opéra du Kent, en 1989 puis à nouveau en 1997, à la suite d'une coupe claire dans les subventions, et la profonde transformation du Scottish Opera de Glasgow en 2004. Le Royal Opera House de Covent Garden, pour sa part, a dû réduire son équipe permanente, avant de réengager les mêmes salariés à des conditions contractuelles plus favorables pour la première scène britannique qui a ainsi réduit ses coûts fixes.

L'Italie est, du point de vue lyrique également, un pays merveilleux, où une loi encore en vigueur, la loi du 14 août 1967, dite loi Corona [1], proclame en son article premier que « l'État considère l'activité lyrique comme importante pour l'intérêt général, dans la mesure où elle favorise la formation musicale, culturelle et sociale de la collectivité nationale. Pour la protection et le développement de ces activités, l'État intervient en prenant les dispositions appropriées ». Jusque-là, cela relève surtout d'un droit quelque peu gazeux, sans grande portée normative [2]. Plus intéressant, dans sa version

---

1. Ce nom n'a rien à voir avec la traduction en italien du « point d'orgue » solfégique, ni avec une bière mexicaine, ni avec un virus qui a trop fait parler de lui depuis 2020. Il est celui du ministre du Tourisme et du Spectacle du gouvernement Aldo Moro III, Achile Corona, auteur du projet de loi.

2. L'Italie n'a, hélas, pas le monopole en la matière et de ce côté-ci des Alpes également le législateur se laisse parfois aller à de généreuses

originelle, la loi prévoyait un fonds pour le financement des opéras abondé par l'équivalent de la redevance audiovisuelle française et par une taxe sur les spectacles en tous genres ainsi que sur les paris. C'est dire l'importance que revêtait l'art lyrique pour la société italienne des années 1960-1970.

La situation a bien changé. Le contraste est aujourd'hui fort entre la Scala de Milan, encore très largement dotée[1], notamment par les mécènes de la Confindustria (les recettes propres représentent 65 % du budget d'environ 120M€), et tous les autres, gravement endettés depuis des années, surtout après que le gouvernement Berlusconi a sévèrement coupé dans le FUS, le fonds unique pour le spectacle, au début des années 2000. Le décret-loi Melandri, du nom de la ministre de la Culture du gouvernement Amato en 2000, a transformé les opéras en fondations de droit privé (il y en a 14 aujourd'hui), généreusement subventionnées et soumises au contrôle de l'État, mais davantage autonomes dans leur gestion quotidienne. Le résultat de ces interventions à répétition de l'État italien est encore très incertain : les collectivités locales subventionnent de manière variable et erratique ; l'organisation du travail est jugée inadaptée et les fondations doivent plus de 400 M€ à l'État.

Du côté de la scène, le bilan n'est pas probant : si Rome a réussi à se redresser brillamment après une sévère réforme de l'organisation du travail, le théâtre Petruzzelli de Bari a réduit la voilure et le nombre de productions ; l'administration du Regio de Turin a été placée sous la tutelle d'une commissaire extraordinaire nommée par l'État ; seules 3 fondations sur 14 ne sont pas dans le rouge ; le théâtre Bellini de Catania (qui n'est pas une fondation au sens de la loi Melandri) menace

---

déclarations sur l'importance nationale de telle ou telle politique publique. L'art lyrique n'a, à ce jour, en France pas bénéficié d'une telle faveur.

1. Et à laquelle la loi fait un sort particulier, en la qualifiant d'établissement « d'intérêt national particulier ». À l'Opéra de Rome, ville capitale, n'est accordée qu'une « considération particulière ».

régulièrement de fermer, avec une dette vertigineuse, et, au niveau national, on compte 23 représentations par million d'habitants, contre 139 en Autriche et 83 en Allemagne. Surtout, depuis assez longtemps, plus rien d'important ne s'est passé dans les opéras italiens, Scala et Opéra de Rome mis à part : aucune création mondiale n'a attiré l'attention sur la Péninsule ; certains des plus grands artistes lyriques n'y mettent plus les pieds, à part pour quelques productions scaligères[1], et le public vieillit irrésistiblement. Pour la patrie de l'opéra et du bel canto, c'est triste. A l'été 2020, l'arrivée de Stéphane Lissner au San Carlo de Naples, plus beau théâtre au monde pour Stendhal, a fait souffler un vent d'optimisme, grâce aux grandes voix et à une ambition de créativité notamment théâtrale à laquelle les Italiens vont devoir s'accoutumer.

En Allemagne et en Autriche enfin, le caractère fédéral de ces pays, le soutien fort des collectivités, l'importance des pratiques musicales en amateur et des modèles de production très différents atténuent les difficultés. Le fait que la quasi-totalité des théâtres s'appuient sur des troupes permanentes et sur un fonctionnement en répertoire, avec des coûts variables plus bas, des nombres de représentations plus élevés et des prix généralement très inférieurs au reste de l'Europe constitue un facteur d'explication puissant.

Dans quelques années, il est possible que ces alarmes soient rétrospectivement jugées excessives. Les finances publiques auront dépassé la crise dantesque provoquée par la Covid-19 et le « quoi qu'il en coûte » érigé en doctrine budgétaire ; les coûts de production, les dépenses des théâtres en ordre de marche auront été maîtrisés et, par le miracle du digital, les opéras du monde entier auront trouvé des ressources complémentaires et un public élargi et rajeuni, promettant à cette industrie culturelle un avenir radieux. Malheureusement, il ne paraît pas hasardeux de juger un tel

---

1. Scaligère : de l'italien *scaligero*, qui est relatif à la Scala de Milan.

scénario comme étant très improbable. Les nuages s'accumulent un peu partout dans le monde, et, quels que soient les modèles, ils semblent à bout de souffle et reposer sur des bases théoriques et économétriques fragiles.

L'inventaire des menaces qui planent sur l'avenir de l'opéra n'est, hélas, pas tout à fait terminé. Les éclaircies sont possibles ; elles ne sont pas encore pour tout de suite. Comme le dit le marquis de la Force au tout début de *Dialogues des Carmélites*, « je dirais volontiers qu'un orage menace ».

ACTE III :
Le choc culturel
de la génération Z

Dans le film *Intouchables* d'Éric Toledano et Olivier Nakache sorti en 2012, Driss, jeune aide-soignant interprété par Omar Sy, accompagne un riche tétraplégique à l'opéra pour *Der Freischütz* de Weber. Entouré, au parterre, de blancs aisés et âgés, qu'il dérange manifestement, il s'exclame : « C'est un arbre ! Un arbre qui chante ! C'est en allemand en plus… Vous êtes tarés ! La galère ! Ça dure combien de temps ? — Quatre heures — Oh putain ! »

De fait, les statistiques caractérisent, année après année, une baisse de la fréquentation par les plus jeunes de la musique classique et de l'opéra : en 2018, 6 % des plus de 15 ans sont allés, dans l'année, à un concert de musique classique, proportion qui approchait des 10 % en 1998. Pire, elle tombe à 2 % s'agissant des 16-25 ans et ces jeunes spectateurs viennent majoritairement des zones urbaines et de catégories socioprofessionnelles privilégiées. On trouvera toujours des contre-exemples mais les faits sont là : la génération Z, celle née après 1995, ne va pas à l'opéra[1]. Comme le résume

---

1. J'ai testé plusieurs stratégies sur deux éminents membres de ladite génération avec un succès jusqu'ici mitigé. J'admets volontiers que *Le*

tragiquement Lionel Esparza, « quand les plus jeunes d'entre nous ont besoin de modèles (ou de contre-modèles, cela marche couramment ensemble), ils ne vont plus voir *Lohengrin* ou *Don Carlo* à l'opéra : ils regardent des séries en *streaming*, *Euphoria* ou *Game of Thrones* ».

Hélas, les difficultés budgétaires sordides ne résument donc pas toutes les difficultés auxquelles le monde de l'opéra est confronté. Elles s'accompagnent de mutations dans le public dont il est difficile de prévoir la profondeur et surtout l'issue. Pendant des décennies et quasiment tout le XXᵉ siècle, le public du lyrique n'a pas beaucoup changé d'un point de vue sociologique. Spectacle populaire dans certaines parties du monde, y compris en France, l'opéra pouvait s'appuyer sur une population stable d'abonnés – les fameux « fonds de salle » –, chaque spectacle attirant – à des degrés variables de l'un à l'autre – le reste du public. En ce premier quart du XXIᵉ siècle, les évolutions de la société participent d'un contexte inquiétant. Certains phénomènes sont sans doute éphémères. D'autres sont plus structurels et jettent une ombre noire sur les maisons lyriques. Voilà de nouvelles menaces qu'elles vont devoir affronter au risque de se retrouver devant des salles à moitié vides…

Le poisson rouge à l'opéra

Le XXIᵉ siècle déjà bien entamé présente quelques caractéristiques au regard desquelles la fréquentation de théâtres lyriques est rien moins que douteuse, pour de nombreuses raisons. Bruno Patino a décrit de manière lumineuse notre *Civilisation du poisson rouge* (Grasset, 2019) et la capacité de la génération Z, c'est-à-dire la génération née au tournant

---

Crépuscule des Dieux et la version intégrale de *Guillaume Tell* à Pesaro (seulement 4 h 15 de musique) n'étaient peut-être pas les choix les plus adaptés pour démarrer…

du siècle, à se concentrer pendant un maximum de… neuf secondes. Au-delà, l'attention est happée par les alertes sonores ou vibrantes diverses et variées, et, sinon, par l'irrésistible tentation de vérifier sur son smartphone s'il ne s'est pas passé quelque chose d'absolument immanquable sur tel ou tel réseau social. Rapprocher ce constat terrible – et sans doute caricatural y compris car un livre, une pièce de théâtre, un film, une série, un morceau de musique ne mobilisent pas la concentration de la même manière – avec la longueur de certains opéras et la lenteur de « l'action » conduit à douter de la disponibilité spontanée de cette génération à s'installer dans ce genre de salles obscures-là où la consultation des téléphones est vivement déconseillée, à la différence de ce qui se passe dans les concerts de musiques pop. Comme l'écrit Nietzsche, dans *Le Cas Wagner*, « rester assis cinq heures de suite : première étape vers la sainteté ! ». Pas certain que les candidats au martyre soient aussi nombreux aujourd'hui qu'au siècle dernier. La montée en puissance faramineuse des plateformes de *streaming* réduit encore le temps d'attention disponible, surtout lorsqu'il faut sortir de chez soi pour se rendre dans un théâtre.

Michel Guérin l'a écrit dans un de ses éditoriaux du vendredi dans *Le Monde* : la rivalité stimulante entre écrans domestiques (Netflix, Amazon, Salto et autres) pourrait tout de même faire une victime, à savoir la culture des lieux fixes – musées, théâtres, salles de concert ou de cinéma. Bien avant le confinement du printemps 2020, des études montraient que la culture de salon, sur les écrans enrichis par YouTube et les réseaux sociaux, grignotait peu à peu la culture de sortie et de l'expérience. Et Guérin de conclure pertinemment : « L'enjeu de demain sera de savoir comment donner aux jeunes le goût d'aller au théâtre, au musée, au cinéma autre que de divertissement, ou de lire un livre. C'était déjà difficile il y a dix ans. Ça le sera encore plus demain. » Theodor Adorno en donne la clé dès 1962 : « Les charmes qu'offrait l'opéra du XIXᵉ siècle – et plus tôt déjà dans les représentations vénitiennes, napolitaines et hambourgeoises du XVIIe –, le décor pompeux, le spectacle imposant, les couleurs enivrantes et l'attrait sensuel, tout cela a émigré depuis longtemps dans le film. »

Pour l'opéra, le défi est immense. La journaliste Bridget Read (*Vogue*, juillet 2019) en fait presque un manifeste, avec ces mots terribles : « Nous ne sommes pas réputés pour notre capacité de concentration, notre patience ou notre respect de la tradition et on nous a accusés de tuer l'avocat, le fromage, le mariage et le commerce de détail… Pour l'opéra, qui a une réputation élitiste – selon ma propre expérience, ce n'est pas toujours le cas, et l'opéra a historiquement été une forme d'art populaire –, c'est la même chose. » Si l'on ajoute que certains stéréotypes ont la vie dure (« On ne comprend rien à ce qu'il se passe », « C'est long », « C'est ridicule », « C'est neuneu »), la partie n'est pas gagnée.

Plus factuellement, les modes de consommation et d'achat des billets évoluent à grande vitesse. On s'abonne moins et, quand on le fait, on choisit en priorité les grands titres en prenant moins de risques, pour des raisons de curiosité sans doute, mais aussi pour des motifs budgétaires. On achète son billet plus tard, beaucoup plus tard, avec un poids de plus en plus important du bouche à oreille et des influenceurs. Quant à la presse, elle parle peu d'art lyrique. Au XIXe siècle, les abonnés régnaient dans les salles avec même des loges à l'année, parfois meublées et payées d'avance, pour le bonheur des financiers du théâtre. Aujourd'hui, les responsables du box-office peuvent rester de longues semaines dans une totale incertitude quant aux jauges qui seront atteintes. Cela a des conséquences sur la trésorerie des théâtres, moins gonflée avant les spectacles, sur les politiques marketing (« Quel est le bon moment pour baisser les prix et faire une offre qui va aider le spectateur hésitant à franchir le pas ? trop tôt, on perdra de l'argent ; trop tard, la mesure sera inefficace… ») et sur les nerfs des directeurs. Une « belle salle » bien remplie est susceptible d'influer sur la réception de la production, y compris par les médias... et donc sur les ventes des dates successives. Cette équation est encore plus complexe pendant les vacances scolaires et les mois de juin et septembre réputés, au moins à Paris, très difficiles en termes de remplissage.

Ces phénomènes d'achats tardifs, également vérifiés depuis longtemps pour les spectacles de divertissement (humoristes, *one man show*, comédies musicales...) et les musiques dites actuelles, le sont aussi largement dans le domaine du théâtre, de la musique, du ballet et de l'opéra. La concurrence l'explique en partie : lorsque l'offre est si abondante, surtout dans les grandes métropoles, pourquoi se presser ? Individuellement, l'ubérisation de la consommation culturelle influe également sur l'attitude face à l'achat du billet : on se décide plus tard, on improvise, on change d'avis, « on verra bien ». Si l'opéra est – à peine – favorisé, par exemple par rapport au ballet, c'est aussi car la moyenne d'âge des spectateurs y est un peu plus élevée. Les plus vieux seraient donc plus organisés. Ils sont, surtout, plus fortunés et peuvent plus facilement faire l'avance des quelques centaines, voire quelques milliers, d'euros exigés au moment des abonnements.

Par-delà les questions générationnelles, également liées au pouvoir d'achat, d'autres caractéristiques de nos sociétés contemporaines placent le monde lyrique en mauvaise posture.

Les menaces de la *cancel culture* ou l'aporie du politiquement correct

En février 2020, l'article d'un chercheur en musicologie de l'université de Columbia (New York), Callum J. Blackmore, a jeté le trouble parmi les amateurs d'opéra baroque : il faudrait définitivement chasser Rameau des scènes du monde entier. Le chef d'inculpation du compositeur ? Avoir glorifié le colonialisme dans *Les Indes galantes*, opéra créé en 1735 et composé d'un prologue et quatre « entrées » : « Le Turc généreux »,

« Les Incas du Pérou », « Les Fleurs, fête persane » et « Les sauvages ». Au début du XXIe siècle, il serait « immoral » de donner sur scène cet opéra ballet héroïque. Quelques années plus tôt, pour ne pas blesser la communauté asiatique d'une grande ville d'Amérique du Nord, la direction de l'opéra avait changé dans le livret de *Turandot* le nom des trois dignitaires de la cour impériale de Pékin. Ping avait été rebaptisé Jim, Pang Bob et Pong Bill.

Une menace, nouvelle, plane sur les opéras : le politiquement correct. Au nom d'objectifs incontestables, largement partagés et juridiquement définis – la lutte contre le racisme et toutes les formes de discriminations, la dénonciation des stéréotypes offensants, la lutte contre les violences sexistes et sexuelles –, des individus ou des mouvements dits citoyens partent en croisade contre certaines traces de l'histoire et contre des pans entiers de la culture. Leur objectif n'est pas de créer du débat, de faire réfléchir, d'éclairer et d'argumenter ; ils veulent déboulonner, brûler, dénoncer en 280 caractères devant les tribunaux des réseaux sociaux, annuler et empêcher le rideau de se lever sur certains spectacles devenus à leurs yeux intolérables.

Dans le domaine du spectacle, c'est-à-dire de la création, de l'interprétation, de l'art, la question se présente sous un jour particulièrement aigu. Le théologien Grégoire de Nysse racontait, au IVe siècle, qu'il était impossible d'engager une conversation à Constantinople sur la nature du Christ – humain ou divin ? – sans que cela finisse en pugilat. À l'opéra, la question de la diversité, des stéréotypes et, en particulier, de l'usage du *blackface*, provoque les mêmes effets. Notre époque est, elle aussi, hystérique et ne tolère pas la demi-mesure, l'argumentation posée, la complexité, « le courage de la nuance » pour reprendre la belle expression de Jean Birnbaum : sommé de prendre parti, on appartient au côté du progrès et de la lumière... ou au côté obscur de la force réactionnaire. Les extrémistes de tous bords prospèrent : d'un côté, on veut interdire des spectacles au nom de l'antiracisme; de l'autre, un hebdomadaire comme *Valeurs actuelles*, jamais avare d'anathèmes caricaturaux et de désinformation[1], dénonce « la chasse aux blancs » dès que l'on promeut la diversité, y compris sur une scène lyrique. Dans la même ligne, l'Opéra national de Hongrie de Viktor Orbán programme *Porgy and Bess,* au printemps 2019, avec une distribution *exclusivement* blanche, au motif que les exigences de George Gerschwin, pour lequel, en 1935, la distribution *devait* être noire, ne seraient plus pertinentes. Rompre avec la tradition presque centenaire d'une œuvre d'émancipation dans laquelle se sont illustrés Ella Fitzgerald, Louis Armstrong, Miles Davis, Harry Belafonte, Ray Charles, plus récemment Angel Blue et Eric Owens, envoie un message très clair et haïssable : les noirs n'ont pas leur place sur la première scène hongroise.

Si on ajoute à ce contexte délétère une once de subjectivité, inévitable lorsque l'on parle d'art et de création, le risque, pour tout participant au débat, d'être victime d'une balle perdue est maximum. Pourtant, il faut descendre dans l'arène car les enjeux sont majeurs...

Le problème est désormais bien documenté : genre artistique qui a toujours été lié au pouvoir, à l'État, à l'imaginaire de sociétés, nourri de représentations basiques sur les mondes extra-européens, terrains de jeu des colonisateurs pendant des siècles, l'art lyrique est vu par de nombreux spectateurs d'aujourd'hui comme l'écho de la domination de l'homme blanc et « civilisé » sur des non-Européens différents, étranges et subordonnés. Cela se manifeste tout particulièrement dans certains titres, lorsque le livret repose sur des rôles non blancs. Ils ne sont pas rares : Aïda et Sélika (*L'Africaine*) sont des esclaves éthiopienne et indienne ; Otello

---

1. 27 décembre 2020 : « À l'Opéra de Paris, des œuvres classiques comme *Le Lac des cygnes* ou *Casse-Noisette* vont disparaître pour faire de la place aux « minorités. » 7 janvier 2021 : « Ouverture de la chasse aux blancs à l'Opéra de Vienne. » Si, si.

est le Maure de Venise ; le vil Monostatos est lui aussi un Maure, serviteur du grand prêtre de la lumière Sarastro (*La Flûte enchantée*) ; Osmin, dans *L'Enlèvement au sérail*, est un musulman qui aime autant boire un godet qu'empaler les chrétiens. Comment les représenter sur scène aujourd'hui ? Jusqu'à une époque récente, on employait du maquillage, au nom de la véracité théâtrale.

Ces pratiques sont désormais perçues comme agressives par une partie de la population et du public qui invoque le souvenir infâme des *minstrel shows* apparus au milieu du XIXᵉ siècle aux États-Unis. Lointaines répliques de l'Arlequin de la *commedia dell'arte,* ces mascarades racistes caricaturaient, stigmatisaient et humiliaient le noir idiot, fourbe et peureux, à une époque où les noirs n'avaient pas voix au chapitre et aux droits civiques. Depuis quelques années, aux États-Unis et en Europe, l'émotion soulevée par ces maquillages a conduit des maisons aussi sérieuses que le Metropolitan Opera ou l'Opéra de Paris à abandonner le *blackface* et aussi le *yellowface* pour des titres comme *Madame Butterfly* ou *Turandot*. Quand l'artiste recruté pour ses mérites vocaux est blanc, il n'est désormais plus question, sur de nombreuses scènes du monde, de le grimer pour interpréter un rôle de couleur et défini comme tel dans le livret. En 1991 déjà, pour le ballet *Petrouchka,* l'Opéra de San Francisco était allé jusqu'à remplacer le *blackface* habituel pour le Maure par un « *blueface* » façon Blue Man Group ou *Avatar*, le film de James Cameron, avec un effet des plus curieux.

Du reste, la question doit être envisagée sous un angle plus large. Dans les théâtres d'opéra, la diversité est, il faut le dire, bien peu présente, au sein du public comme dans les équipes salariées, permanentes ou invitées. Pire, sur scène, elle est même souvent incarnée seulement par un artiste grimé et caricatural. Dans les chœurs, les orchestres et les compagnies de danse, les artistes issus de la diversité sont peu nombreux, même si l'absence de statistiques contraint à se fier à l'intuition. Les structures de formation, les mécanismes de recrutement, les codes sociaux sont autant de barrières, réelles ou supposées, qui filtrent sévèrement et éloignent de ces métiers une large partie de la population. À force de ne pas en faire assez, à force de reproduire des « traditions » sans les interroger, de se croire à l'abri des débats et des fractures qui animent la société, les opéras ont couru le risque d'appeler des remises en cause plus brutales et moins pertinentes. Nous y sommes.

Les opéras ont une responsabilité particulière. Héritières d'une tradition pluriséculaire, largement financées par le contribuable, ces maisons doivent être exemplaires, jouer un rôle d'émancipation, d'élévation même, des artistes et du public. Les opéras participent à « donner le ton » et programmer des artistes issus de la diversité, bannir le racisme, mais aussi l'antisémitisme ou la xénophobie, entre pleinement dans leurs missions.

Comment en sortir ?

D'abord, le *color blend*, c'est-à-dire le mélange de couleurs et d'artistes divers, sans souci de véracité dermatologique et donc de maquillage, fonctionne parfaitement sur une scène : il y a longtemps que la vraisemblance n'est plus un enjeu pour les metteurs en scène et leurs artistes. On peut, évidemment, être touché par un Otello blanc, qu'il se nomme Roberto Alagna ou Jonas Kaufmann, non grimé. La jalousie et la bêtise humaine dont le Maure et Desdémone sont victimes, n'ont pas de couleur. Je me rappelle Simon Estes, baryton-basse américain, petit-fils d'esclave, chantant Macbeth de Verdi, le Hollandais volant de Wagner, Philippe II d'Espagne dans *Don Carlo*, Leontyne Price en Tosca ou en Amelia d'un *Bal masqué*, plus récemment l'extraordinaire ténor belcantiste américain Lawrence Brownlee en Arturo des *Puritains* ou en comte Almaviva. Pas une seule seconde, la couleur de leur peau, différente de celle prévue par le livret d'origine, n'a posé le moindre commencement de début de problème, aussi peu que, dans le domaine de l'art dramatique, le Macbeth (de Shakespeare, celui-là) d'Amada Diop ou le Chrysalde (*L'École des femmes*) d'Assane Timbo.

Cela étant posé, si, par souci de véracité ou parce que le dramaturge l'a pensé ainsi, on maquille le chanteur, recruté pour ses mérites vocaux, sans aucune volonté d'humilier et d'agresser une partie de la population, le côté choquant, voire illégal, est-il si incontestable, surtout si cette démarche est expliquée, objectivée, médiatisée ? La mise en scène peut même utiliser le racisme comme un moteur de la dramaturgie ; il lui appartient de proposer au public de prendre le recul et la hauteur nécessaires ; l'équipe artistique est là pour travailler sur la complexité du texte et du message et on peut même imaginer l'utilisation de textes racistes pour en pointer l'absurdité et mieux les dénoncer. Dans *Otello*, pour reprendre cet exemple, le message antiraciste peut paraître beaucoup plus fort avec un rôle-titre bel et bien noir, y compris avec du maquillage si c'est nécessaire, face à la Desdémone blanche, fille d'un sénateur vénitien[1].

Le fait que l'on ait du mal à trouver des ténors noirs capables de chanter Otello, entre autres rôles, est un problème, très sérieux, qui renvoie aux difficultés d'accès aux conservatoires et écoles de chant. Si la prise de conscience actuelle permet d'ouvrir les recrutements, de montrer à tous les jeunes qu'ils ont leur place dans les écoles de musique, avant d'intégrer parfois les orchestres et les chœurs et de prétendre aux rôles solistes, alors, tout n'aura pas été perdu.

Le théâtre repose en partie, aussi, sur le déguisement et le maquillage. Lorsqu'on demanda à la grande Shirley Verrett, artiste noire née à La Nouvelle-Orléans, de maquiller son visage en blanc pour interpréter Norma ou Lady Macbeth à la Scala de Milan, le metteur en scène Giorgio Strehler pouvait-il être soupçonné de racisme ? Comme cette sublime artiste l'a exprimé dans une interview donnée juste avant sa

---

1. Les metteurs en scène Moshe Leiser et Patrice Caurier ont parfaitement relevé ce défi, en 2012, à Zurich, puis en 2014 au Théâtre des Champs Elysées, avec l'Otello (rossinien) maquillé de John Osborn face à la Desdémone de Cecilia Bartoli.

mort : « Cela ne m'inspire rien de particulier, parce que le théâtre est magique. C'est une question de scène et de crédibilité. Que ressent Otello quand il est blanc et qu'on lui met du maquillage noir ? Vous faites ce que vous avez à faire. Si vous n'y arrivez pas, alors quittez la scène. » La même remarque pourrait être adressée au public.

Le risque est que cette dérive antiraciste n'en appelle d'autres et conduise à l'abîme. Tous les répertoires sont riches en stéréotypes, y compris car le théâtre est symbole, caractérisation, archétype, héritage. Pourquoi ne pas aller plus loin ? « Une fois qu'on a passé les bornes, il n'y a plus de limites », disait Alphonse Allais. Bannissons tous les traitements inhumains ou dégradants au sens de l'article 3 de la Convention européenne des droits de l'homme ! Manrico ne pourra plus être exécuté par le comte de Luna sans un procès digne de ce nom et le respect de son droit à la défense ; un vrai bossu devra interpréter Rigoletto et un vrai borgne sera recherché pour *La Femme sans ombre* ou *Francesca da Rimini* ; supprimons dans les livrets tous les propos antisémites, y compris dans *Les Contes d'Hoffmann* de Jacques Offenbach, juif allemand immigré à Paris ; supprimons des programmes la musique de l'antisémite Wagner, comme l'a fait Israël jusqu'à ce que Daniel Barenboim mette les points sur les i en 2001[1] ; interdisons les représentations sexistes et de violences faites aux femmes sur scène, ce qui risque de réduire sensiblement le répertoire. De fait, à Florence, dans une production récente, c'est Carmen qui tuait Don José... Que des metteurs en scène cherchent à provoquer, à rénover, à bouleverser les certitudes est sain, voire salutaire, on y reviendra. Qu'ils le fassent au motif qu'aujourd'hui « on n'a plus le droit d'applaudir un féminicide » est consternant.

---

1. Le 7 juillet 2001, à Jérusalem, le chef israélo-argentin a donné, à la fin d'un concert et une fois le programme initial terminé, deux extraits – le prélude et le *Liebestod* – de *Tristan und Isolde* sous les quolibets d'une partie du public.

Personne n'applaudit le réel ; mais le public vient chercher la vision de l'artiste qui doit pouvoir nous le faire percevoir, avec son regard, son analyse et sa sensibilité.

Je suis convaincu qu'il y a un chemin pour échapper à la tenaille mortifère entre, d'une part, la conviction erronée qu'il n'y aurait aucune difficulté quant à la diversité à l'opéra, et, d'autre part, le choix de faire disparaître une partie du patrimoine culturel et de limiter la création artistique par des considérations sociales ou politiques.

Chaque directeur d'opéra doit pouvoir jouir de la plus grande liberté de programmation et, par exemple, écarter certaines œuvres qu'il jugerait datées, caricaturales, nauséabondes ou proposer une démarche artistique permettant le débat, l'analyse, l'éducation. C'est sa responsabilité. Quant à la représentation de certaines œuvres, il est possible et indispensable de nouer le dialogue avec le public. Comment connaître le passé si on le nie et l'annule ? Des explications préalables, des remises en perspective, sur le contexte de la création, sur le compositeur et son librettiste, sur la démarche du metteur en scène, doivent permettre d'échapper à l'impasse précédemment décrite. Dans le domaine du cinéma, une plate-forme de *streaming* y est parvenue, non sans mal. Après avoir retiré le film de Victor Fleming *Gone with the Wind* (*Autant en emporte le vent*) au nom de l'antiracisme, pendant quelques semaines, elle l'a rétabli en faisant précéder le film d'un avertissement au public : le film est présenté « tel qu'il a été créé » et il peut « contenir des représentations culturelles dépassées » que cette diffusion n'a pas pour objet de reprendre à son compte. À l'opéra, les dispositifs de surtitrage, les programmes de salle, les conférences avant le spectacle, les SMS et messages adressés aux spectateurs, sont des outils d'information utiles.

Surtout, il ne faut pas oublier que le public est plus intelligent que ne le pensent beaucoup.

Plus de verts et plus de Verdi ?

Depuis trois cent cinquante ans, au fil des crises, l'art lyrique et les institutions qui le font vivre ont toujours pu compter sur des soutiens, notamment politiques, pour verser des subventions et les augmenter, au moins jusque dans les années 2010 s'agissant de la France.

Les opéras en région – une trentaine de théâtres présentent une programmation avec quelques titres différents par saison – peuvent être « nationaux » ou « théâtres lyriques d'intérêt national » ou… sans label particulier. Tous présentent la caractéristique d'être financés par la puissance publique : l'État soutient un tiers de ces structures ; les régions et les départements, de manière variable, et, surtout, depuis fort longtemps, les communes et désormais les métropoles portent l'opéra en province à bout de bras. Ce soutien public représente près de 230 M€ chaque année, hors Opéra national de Paris, soit près de 80 % du budget cumulé de ces maisons. En moyenne, les communes et les structures intercommunales apportent plus de 70 % des subventions, l'État 16 %, les régions 9 % et les départements 3 %.

Jusqu'à une époque récente, les initiatives locales, avec des édiles considérant que « leur » opéra était un élément essentiel de leur politique culturelle, de leur rayonnement et de leur attractivité, dominaient sur une quelconque démarche cohérente et l'hétérogénéité prévalait dans les modes de gestion et dans la nature des projets. Pour les municipalités, la présence d'une maison lyrique est un poste de dépense important dans le budget culturel. Mais il faut souligner qu'il s'agit aussi d'un outil de rayonnement et d'attractivité générant un retour sur investissement non négligeable, de mieux en mieux mesuré. Historiquement, il a été démontré, notamment dans les villes germaniques du XIXe siècle, que la présence d'une maison lyrique attirait les populations les plus diplômées et les plus susceptibles de créer de la richesse.

Aujourd'hui, plusieurs études, en France et à l'étranger, caractérisent l'impact direct (emploi artistique et technique, commandes et recours à des prestataires…) et indirect (tourisme, nuits d'hôtel…) d'un opéra. Quelques chiffres parlent d'eux-mêmes : un euro de subvention générerait près de 1,30 euro d'activités autres à Bordeaux ; à Lyon, près de 3 euros ; à Aix, 10 euros ! Derrière ce concours de chiffres plus ou moins vérifiables se cache une réalité : l'opéra fait travailler des dizaines de milliers de personnes et contribue au statut des métropoles et donc à leur attractivité. À l'heure où les arbitrages budgétaires sont de plus en plus difficiles à boucler, de telles données méritent d'être rappelées. Oui, la puissance publique peut trouver son intérêt à subventionner les opéras.

L'État, jusque dans les années 1990, s'est peu préoccupé d'une « politique nationale » pour le lyrique et c'est seulement en 1996 que le premier « opéra national » a vu le jour, au-delà du périphérique, à Lyon. Le lyrique, à la différence des orchestres, n'a jamais eu son « plan Landowski » et, dans d'autres esthétiques, les scènes nationales, scènes conventionnées, centres dramatiques nationaux et autres centres chorégraphiques nationaux, participent à la mise en œuvre d'orientations politiques communes. Dans le lyrique, il a fallu attendre 2016 et la loi dite LCAP (loi relative à la liberté de la création, à l'architecture et au patrimoine) pour que le ministère revoie les cahiers des charges et mette en place le label de « théâtre lyrique d'intérêt national ».

Le bilan de cette labellisation, dressé par l'Inspection générale des affaires culturelles du ministère (IGAC) dans un rapport de juin 2018, est des plus mitigés : s'ils apportent une forme de reconnaissance, le rapport souligne que les labels ont été accordés « ex *post* », comme un constat de l'existant, et non pour valoriser des politiques ambitieuses et des orientations justifiant l'octroi d'importants financements publics ; les effectifs mobilisés dans les cinq opéras nationaux en région, qui comptent entre 160 et 335 salariés permanents, n'ont pas garanti « un niveau d'activité optimum », euphémisme pour dire que « les multiples règlements intérieurs, outre qu'ils font obstacle à l'optimisation des forces artistiques permanentes, se traduisent par un taux d'heures supplémentaires augmentant les coûts salariaux » ; enfin, « le label n'a pas eu d'effet déterminant sur l'activité artistique des maisons labellisées, qui demeure globalement stable, dans le meilleur des cas ».

Or, la situation dégradée des finances locales a commencé à tendre la situation, souvent dans un contexte politique complexe. Nombreuses sont les collectivités territoriales à avoir réduit leurs contributions aux opéras en région. Quant aux communes, elles ont cessé de suivre l'augmentation des coûts, ce qui a pu se traduire par des saisons en peau de chagrin. À Marseille, dans les années 1990, on donnait encore une dizaine de titres différents par saison, avec un minimum de cinq levers de rideau par spectacle. Trente ans plus tard, la saison comporte au maximum une demi-douzaine d'opéras différents. À Montpellier, en 2009, l'Opéra-Comédie et l'Opéra Berlioz/Le Corum accueillaient dix productions lyriques mises en scène ; en 2016, on en est à quatre avant une légère remontée, jusqu'à six ou sept spectacles différents chaque année. À Rennes, la saison est passée de huit spectacles mis en scène en 2010-2011 à cinq ou six depuis 2013. Sur la décennie 2005-2015, le nombre de levers de rideau dans les opéras de France a baissé d'environ 25 %.

Dans ce contexte, l'arrivée de générations d'élus moins sensibles au bel canto mais qui pointent la faiblesse, réelle ou préjugée, des actions socioculturelles des opéras en faveur des banlieues et de la diversité, aggrave encore le risque que, demain, ces subventions soient tout simplement supprimées. « Des maires en guerre contre une culture jugée élitiste », titre *Libération* en décembre 2020, en analysant les coupes budgétaires qui ont commencé à toucher le monde du théâtre. L'opéra, prochaine victime ? À Lyon, la municipalité issue des urnes au printemps 2020, sans doute édifiée par les bonnes feuilles de quelques rapports de la chambre régionale des comptes, a demandé à analyser les comptes de la gestion

Dorny et le nouveau maire a tout de suite noté que « les décors d'opéra coûtent cher, pour quelques rares représentations ». Résultat : début 2021, la subvention annuelle a été réduite de 500 000 euros. En 2014, Grenoble avait ouvert la voie en supprimant purement et simplement la subvention annuelle aux Musiciens du Louvre. Lorsqu'on veut se débarrasser de son chien, on dit qu'il a la rage. D'abord, moins de productions et de titres différents, moins de levers de rideau, des coûts unitaires et marginaux qui augmentent, moins de public, encore moins de jeunes... et puis on ferme. Ce mouvement mortifère ne s'est pas encore esquissé aux quatre coins de la France, mais la vigilance s'impose. L'argument imparable selon lequel les impôts locaux ne doivent pas financer principalement un loisir patrimonial destiné aux plus anciens et aux plus riches auquel des pans entiers de la population n'ont pas accès risque de faire mouche : les données de la Réunion des opéras de France montrent que, années après années, le jeune public est en recul et représente moins de 6 % de tous les spectateurs des opéras de France. Imparable.

D'une certaine manière, on comprend que le décalage entre le poids des opéras dans les budgets communaux consacrés à la culture (50 % à Bordeaux, par exemple) et la part de la population qui franchit la porte des théâtres lyriques interroge les élus. Une autre réponse que les coupes sombres dans les subventions est indispensable. Elle est possible, de manière que chaque euro investi par les collectivités génère davantage de revenus et que les opéras redeviennent des acteurs majeurs d'une politique culturelle moderne, centrée sur le lyrique mais résolument ouverte à d'autres formes d'art et donc à d'autres publics.

Les ennemis de l'intérieur

Lorsqu'une crise survient, lorsque les menaces se rapprochent, resserrer les rangs et faire preuve de solidarité apparaît comme une stratégie évidente. Problème : dans le monde de l'opéra, la cinquième colonne est bien en place, dans les institutions et même au sein du public.

Gardiens du temple ou fossoyeurs ?

Damiano Michieletto est un metteur en scène vénitien très talentueux. Pour la nouvelle production de *Samson et Dalila* à l'Opéra Bastille en 2016, il avait imaginé une mise en scène moderne et, au début de l'acte 3, celui de la bacchanale, les artistes des chœurs devaient se changer sur scène, à la vue du public, en utilisant notamment des portants destinés à accueillir leurs costumes. Élément de la mise en scène ou instrument de travail habituel du service des costumes ? Dans le premier cas, le service des accessoires devait prendre en charge ces portants alors que, dans le second, cette responsabilité reviendrait aux habilleuses. Interminables disputes… qui se soldèrent par le recrutement de quelques intermittents, ni accessoiristes ni habilleurs, heureux que ces bisbilles incompréhensibles se traduisent par leur embauche. Dans le même genre, on évoque volontiers le souvenir, dans une production à Garnier dans les années 1970, d'une chaise placée à l'exact milieu du plateau que les accessoiristes à jardin, aussi peu que ceux à cour, ne voulaient prendre en charge puisqu'elle était au centre… problème qu'un recrutement supplémentaire avait là encore permis de résoudre. À Nancy, jusqu'à une époque récente, les règles applicables aux salariés interdisaient de travailler le week-end, ce qui paraît curieux pour une maison de spectacle. Un assouplissement a permis d'arracher aux syndicats six samedis travaillés dans la saison. À quel prix, on ne sait.

Ces anecdotes, caricaturales mais véridiques, et dont on pourrait trouver d'autres illustrations partout dans le monde, sont révélatrices d'une forme de rigidité et d'attachement à des règles immuables, la plupart du temps non écrites. Fières de leur savoir-faire, transmis par la formation continue et une large dose d'oralité, les équipes des opéras sont les gardiennes du temple et il faut aussi admettre que la qualité des spectacles auxquels on assiste n'est pas sans lien avec ce phénomène.

Mais, lorsque, du fait notamment des menaces décrites ici ou des caricatures véhiculées par les médias ignorants ou mal intentionnés[1], ces équipes développent la paranoïa d'une citadelle assiégée, elles en viennent à refuser tout changement et toute modernisation, pour ne pas évoquer le terme toujours délicat de « réforme ».

Dans un monde normal et dans le contexte de coûts en hausse et de recettes en berne, la direction d'une entreprise envisagerait de hiérarchiser les objectifs, de négliger les buts de second rang, d'organiser différemment le travail. Même dans les établissements pas comme les autres que sont les opéras.

Dans ce monde magique, cette rationalité froide est exclue ; Baumol l'avait remarqué : la productivité n'évolue pas comme dans le reste de l'économie et, pourtant, les salaires, eux, progressent bel et bien.

Cela s'applique d'abord aux règles de droit social. La notion de « productivité » est par nature insupportable dans le monde du théâtre ; le rapprochement du temps de travail payé de celui effectivement travaillé est assimilé à une violence psychologique inacceptable. Les réseaux sociaux et les contenus vidéo destinés à informer le public ne sont pas vus comme des outils permettant de vendre plus de billets, dans un environnement concurrentiel, mais comme la source de revenus potentiels pour les salariés vigilants sur leur droit à l'image. Le mécène, quant à lui, est parfois assimilé à un voyeur à qui on ne devrait pas faire visiter les coulisses et les ateliers.

L'argument de ces conservateurs-là est imparable : « La ville, la région, l'État », selon la nature du tour de table, « ne nous laisseront pas tomber et seront toujours là pour combler

---

1. Il en va ainsi de la fameuse « prime d'applaudissements » fantasmatique qui viendrait, à l'Opéra de Paris, rémunérer les musiciens une fois le rideau tombé...

le trou budgétaire. » Comment rapporter la preuve négative contraire dans un raisonnement hypothétique ? Ce refus de la rationalité économique et cette idéologie de bas étage sont mortifères : ils permettent en toute bonne conscience à l'économiste, au technocrate et à l'homme politique indifférent, voire hostile, de trouver des arguments supplémentaires pour refuser le soutien public à une activité culturelle aussi anormale, anarchique et irrationnelle. Et pourtant, qu'une alternance conduise à l'Élysée ou à l'hôtel de ville un élu que l'opéra ennuie ou révulse, que les données économiques conduisent le gouvernement à tailler dans les dépenses publiques encore plus que ce qui a été fait depuis dix ans, et la question du maintien d'un service public de l'opéra se posera à coup sûr. Veut-on des opéras dans notre pays ? Pourquoi ? Pour quel public ? Ces questions, évidemment essentielles, n'ont trouvé aucune réponse dans le débat, alors même que les difficultés s'accumulent. Le risque se renforce et il appartient aux responsables des maisons d'opéra d'apporter des réponses convaincantes, au moins pour désarmer les critiques les plus faciles que les édiles pourraient brandir bientôt.

Les spécialistes de la spécialité

Un magasin de disques à New York, un matin. Un client vient chercher une idée de cadeau pour un de ses proches. Les deux vendeurs, lancés dans une conversation ésotérique sur le mérite de tel ou tel disque, le snobent ostensiblement jusqu'à l'accabler de mépris et le mettre dehors lorsqu'il avoue qu'il ne connaît pas le dernier enregistrement de leur musicien fétiche. Cette scène est une des plus savoureuses du film *High Fidelity* de Stephen Frears avec John Cusack et Jack Black en disquaires hurluberlus.

Ils ne vendent pas d'opéra mais du rock. Qu'importe, les « spécialistes de la spécialité » présentent des syndromes très proches. Tous les arts, mais aussi les sports, ont les leurs, fiers de leur maîtrise du sujet – réelle, souvent – et désireux de la réserver à une élite, un club des plus fermés. Dans le domaine lyrique, on les a longtemps appelés les *dilettanti*, ceux qui aiment, et que Berlioz assimilait à des fanatiques, des fous, des illuminés.

À quoi les reconnaît-on ?

D'abord à une intolérance chronique. Intolérance à toutes les autres formes d'art. Le dingue d'opéra va peu au ballet ou au théâtre ; son argent passe en billets, en voyages, en enregistrements, en photos dédicacées. Intolérance à ceux qui, au sein du monde de l'opéra, ne partagent pas sa passion pour tel ou tel artiste, reconstituant ainsi les rivalités du passé. Callas est dénigrée au profit de Tebaldi… ou l'inverse. Sa cible se pare d'argumentaires techniques. La chaîne « *This is opera* » sur YouTube est sa chapelle. On y dissèque la manière de respirer, de phraser, d'ornementer des chanteurs d'aujourd'hui, la plupart du temps en regrettant les temps jadis où on savait tout mieux faire. On vénère la perfection pointilliste des mélodistes qui, dans Fauré ou Debussy, font bien entendre les deux n du mot « *solennité* », les s et les f de « *tristesse affreuse* », en bref « l'art vocal bourgeois » dénoncé par Roland Barthes dans *Mythologies* comme contraire à « la lettre totale du texte musical », qui n'a pas besoin d'intention supplémentaire. Quant à la mise en scène, toute modernisation, toute transposition, toute distance par rapport à la Tradition, avec une majuscule, est trahison qui justifie les hurlements à l'encontre du metteur en scène au moment des saluts. Car les spécialistes de la spécialité n'en restent pas à un conservatisme salonard. Ils sont, la plupart du temps, d'authentiques réactionnaires. Ils font leur le portrait dressé par Alain Finkielkraut : « C'est l'homme qui accueille le donné comme une grâce et non comme un poids, qui a peur pour ce qui existe et qu'émeut toujours la patine du temps sur les êtres, les objets ou les paysages. » Voir Maria Callas en hologramme à la salle Pleyel est un rêve éveillé dont ils aimeraient ne pas se réveiller. L'Opéra Bastille, décidé par les socialistes Mitterrand et Lang, était déjà une verrue urbaine et une menace sur l'Opéra Garnier considéré comme le parangon de l'architecture théâtrale, malgré ses limites et ses quelques défauts. Mais applaudir les danseurs de krump dans *Les Indes galantes*, quel cauchemar bien réel. C'était tellement mieux avant…

Cette intolérance ne serait pas bien gênante si elle ne s'exprimait pas dans les théâtres eux-mêmes, aux saluts finaux mais parfois aussi pendant le spectacle. Car le spécialiste de la spécialité siffle, hurle, éructe… Dans une certaine mesure, on peut le comprendre : sa science et sa conscience pourraient-elles rester ignorées du reste de la salle ? Il ne manquera pas de rappeler qu'au XIXᵉ siècle, tout chanteur de l'Opéra devait affronter l'épreuve « des trois débuts » : la titularisation n'était possible que si le public l'avait plébiscité pour trois prises de rôle successives et Jean-Claude Yon évoque même un « droit de siffler » officiellement reconnu au spectateur. Aujourd'hui, tout a changé : si tout le monde se taisait et n'applaudissait pas, passe encore. Mais dès lors qu'un spectateur, ignorant, sourd et aveugle, ou peut-être simplement bon public, esquisse le début d'un applaudissement, l'intervention bruyante de la police du bon goût est instantanément légitimée pour obtenir réparation et rétablir la hiérarchie des valeurs. On ne va pas sur le champ d'honneur ; on siffle dans l'obscurité du 2ᵉ balcon ou d'un fond de loge. Car le spécialiste de la spécialité a une mission, quasiment de droit divin : faire respecter la partition, la technique vocale estampillée AOC, le bon goût et la tradition, punir le chanteur moyen ou défaillant, crucifier le metteur en scène. Que cela plaise ou non au reste du public. Le tour de force est remarquable : siffleurs et hurleurs ont volé les attributs et les comportements qui étaient ceux des spectateurs populaires du XIXᵉ siècle ou de certains théâtres méditerranéens. Mais, castrateurs, ils ont oublié la légitimité de l'émotion.

Le public devrait, du reste, pour eux, être éduqué à l'opéra et à la compréhension de l'art lyrique. Le rêve de l'opéraddict, c'est une salle entièrement remplie de spécialistes, aptes à

juger et à sanctionner dûment une *messa di voce* imparfaite
ou un air transposé d'un demi-ton. Les politiques d'ouverture
à de nouveaux publics sont regardées d'un œil soupçonneux.
« Quoi ? Moi qui suis passé par toutes les étapes de cette édifi-
cation, je me retrouverais à côté de béotiens sortis de leur
banlieue ? » Ces mêmes arguments ont été avancés lorsque le
directeur de Sciences Po avait, dans les années 2000, ouvert la
prestigieuse école aux meilleurs élèves des zones d'éducation
prioritaire, battant en brèche un entre-soi désuet. À l'opéra,
il est délicat, politiquement, de contester le bien-fondé des
places à prix réduits pour les jeunes ou autres avant-premières. Pourtant, ici et là, on entend toujours la rombière
et le grincheux regretter que leur jeune voisin en jean puisse
bénéficier d'une place à prix réduit là où ils ont acquitté une
somme très supérieure, quelques mois plus tôt.

Tout cela pourrait prêter à sourire si nous ne parlions
pas d'une forme artistique menacée, y compris pour des
motifs politiques. Ces snobs (*sine nobilitate*, d'un point de
vue étymologique) sont un danger de plus. Comme le dit
Boulez, avec son humour glacial, « les spécialistes, c'est bon
pour la chirurgie, pas pour la musique ». Qui irait se battre
pour une bande de doux dingues accros au contre-ut vivant
aux crochets du contribuable qui ne verra jamais la couleur
d'une représentation ? Or le rôle social des opéras, la contribution publique, de plus en plus indispensable, obligent ce
petit monde de l'entre-soi. Là encore, la réponse des institutions lyriques doit être à la hauteur, sauf à encourir le risque
d'un crash systémique.

Don Corleone à l'opéra

30 mai 1978, aux aurores : aux quatre coins de la péninsule
italienne, des carabiniers se présentent au domicile d'une
cinquantaine de directeurs artistiques, directeurs musicaux,
directeurs du casting et autres surintendants d'opéras, tous
soupçonnés de détournement d'argent public. La liste, qui

comprend tous ceux qui comptent dans le paysage lyrique italien, est impressionnante et fait le miel des quotidiens : on y trouve le compositeur Francesco Siciliani, Gioacchino Lanza Tomasi, directeur artistique de l'Opéra de Rome et fils adoptif de l'auteur du *Guépard*, le directeur et le surintendant de la Fenice de Venise, ceux de la Scala de Milan, du San Carlo de Naples, des comtes et des marquis, des fonctionnaires, des agents artistiques. Tous finissent en détention provisoire. Avec les progrès de l'enquête, la liste s'élargit encore le 23 janvier suivant. Turin, Trieste, Vérone, Macerata... En cause, les pratiques opaques des agents artistiques et des responsables des opéras qui, en échange de contrats avec des chanteurs, étaient soupçonnés de demander le versement de rétrocommissions, aux dépens à la fois du théâtre et des artistes. La situation était d'autant plus obscure que la loi Corona du 14 août 1967 interdisait, avant la signature des contrats, « toute forme d'intermédiation », le recrutement des artistes relevant soit d'un bureau centralisé, soit des directeurs de théâtre. Les chanteurs étrangers – dont la loi Corona limitait l'emploi à un quart du plateau, et seulement pour des motifs artistiques précis[1] – étaient une proie intéressante, l'absence d'impôt dû en Italie permettant des commissions encore plus élevées. Scandalisés de devoir verser jusqu'à la totalité du cachet de certains spectacles, des artistes comme le ténor Mario del Monaco ou le baryton Walter Alberti portèrent plainte, avec le soutien d'un avocat passionné d'opéra et baryton à ses heures, Umberto Sebastiani. L'affaire est confiée au procureur Nino Fico qui déclare dans une conférence de presse, le 4 juin 1978 : « Je ne croyais pas que le monde de l'opéra était aussi corrompu. Mon enquête caractérise une corruption généralisée, admise par les fonctionnaires et les agents artistiques.

---

1. Cette règle, dont on se demande comment elle a pu effectivement être mise en œuvre, a été remplacée en 2001 par l'exigence d'une distribution « majoritairement italienne ». Il n'est pas dit que cette souplesse garantisse mieux l'effectivité de la loi...

Une chose est certaine : pour chanter, un artiste doit payer. »
La polémique flambe, certains chanteurs de renom, comme
Renata Scotto, contestant le bien-fondé de l'enquête. Après
plusieurs mois de procédure, y compris devant la Cour d'appel
de Rome, seules onze condamnations furent prononcées ; les
autres personnalités furent relaxées, les faits n'ayant pas été
suffisamment établis. Les magistrats s'étaient heurtés au mur du
silence et au retrait de plaintes par des artistes tremblant devant
d'éventuelles représailles et pour leurs futurs engagements.

Quarante ans plus tard, l'histoire semble bégayer et l'Italie
est à nouveau secouée par un scandale comparable.

Au printemps 2020, c'est l'ancien directeur du Teatro
Regio de Turin, ancien directeur artistique de l'Opéra d'Astana
au Kazakhstan, qui est mis en cause, non seulement pour
certains aspects de sa gestion avec des nominations curieuses
sur fond d'intrigues politiques locales (un choriste candidat
du mouvement populiste « 5 étoiles » aux élections régionales
promu dans l'équipe de direction du théâtre), mais surtout
pour ses liens avec un agent artistique italien établi à Lugano
en Suisse. Ce dernier, incontournable pour la plupart des
théâtres du monde, travaille avec les plus grands chanteurs,
chefs et metteurs en scène. En lien avec l'Opéra d'Astana
depuis plusieurs années, cet agent aurait vu tripler en peu
de mois le nombre de contrats passés avec le Regio de Turin
et aussi avec les Arènes de Vérone. L'enquête ouverte par la
justice italienne porte sur des faits de corruption et d'entente
illicite et a été déclenchée par les plaintes du metteur en
scène Henning Brockhaus, du scénographe Ezio Frigerio et
du metteur en scène Giancarlo del Monaco, fils du grand
Mario. Tous trois dénoncent un mécanisme bien connu : en
échange d'un contrat avec un cachet très élevé, les artistes
devaient reverser une partie de la rémunération au directeur
artistique du théâtre et à l'agent suisse. Certains artistes
auraient même été contraints de changer d'agent pour espérer
se voir proposer un engagement. Omerta, craintes de représailles, difficulté objective à comprendre parfois un monde

décidément très particulier, l'enquête promet de durer, avec le risque que la montagne accouche d'une souris, comme au début des années 1980, et que des artistes, toujours les plus fragiles, continuent à subir des préjudices réels.

Comparé au monde du théâtre, l'opéra détonne car il y a de l'argent. Les budgets de production sont importants, les cachets des artistes, en tout cas pour les solistes internationaux, sont élevés et même la rémunération des dirigeants des plus importantes maisons, partout dans le monde, atteint des niveaux rares dans la culture (on évoque 2 M$ bruts annuels pour le *manager general* du Met, 350 000 euros pour le directeur de l'Opéra de Paris ; un peu plus de 300 000 euros pour le directeur de la Scala de Milan. Ces standards s'expliquent, globalement, par la rareté des plus grands talents et aussi par les budgets plus élevés que dans le reste du monde culturel. La générosité de mécènes ajoute à ce côté parfois « bling bling ». Les grandes marques du luxe s'intéressent davantage à l'opéra qu'à l'archéologie préventive. Cet argent fait rêver. Certains professionnels auraient peut-être davantage eu envie de faire carrière dans le quatuor à cordes ou le théâtre dramatique. Oui, mais ils se sont dirigés vers le lyrique ; en passant devant l'opéra, la lumière brillait un peu plus vivement qu'ailleurs. Pourtant, dans ce domaine comme dans tant d'autres, le monde lyrique a droit au respect des règles et, osons le terme, à l'exemplarité.

« *Questa o quella* »[1] : #MeToo lyrique

Les ennuis, on le sait, volent en escadrille. Et le monde de l'opéra, au début de la décennie 2020, ressemble à Pearl Harbour en pleine attaque japonaise. Aux difficultés économiques s'ajoutent une crise existentielle et quelques scandales. À dire le vrai, lorsqu'a éclaté l'affaire Weinstein – du nom de

---

1. « Celle-ci ou celle-là » : avec ces mots débute le premier air du Duc de Mantoue, à l'acte 1 de *Rigoletto* de Verdi.

ce producteur de cinéma habitué à troquer des rôles contre les faveurs d'artistes féminines –, à l'automne 2017, de nombreux professionnels du monde de l'opéra pressentaient que les scènes lyriques mondiales ne seraient pas épargnées. Dans un contexte de concurrence réelle entre artistes, notamment pour les plus grandes scènes, et de grande difficulté pour les chanteurs de percer, les comportements scandaleux d'agents, de directeurs artistiques et autres *casting managers* n'allaient pas tarder à être dénoncés.

Quelques années après, les dommages paraissent encore étonnamment limités, seules quelques affaires ayant défrayé la chronique. James Levine, mythique directeur musical du Metropolitan Opera pendant plus de quarante ans, a été démis de ses fonctions en 2018 après des accusations d'agressions sexuelles portées contre lui par plusieurs jeunes hommes. Plácido Domingo, quant à lui, a été accusé d'agressions et de harcèlement à caractère sexuel par une vingtaine de femmes, ce qui l'a conduit à abandonner ses fonctions à la tête de l'Opéra de Los Angeles avant de présenter ses excuses publiques début 2020. De nombreux théâtres, un peu partout dans le monde, surtout en Espagne et aux États-Unis, ont annulé sa participation à des productions lyriques, alors même qu'aucune plainte n'a été formellement déposée devant des autorités judiciaires.

Au-delà de ces deux cas emblématiques, le sentiment prédomine qu'ils sont les rares arbres qui cachent la forêt. Dans les concours, même les plus modestes, dans les théâtres, même de seconde zone, dans les agences artistiques, portes d'entrée vers des contrats prometteurs, le grand déballage n'a pas commencé. Aura-t-il lieu ?

À l'été 2020, Chloé Briot, soprano française à la carrière prometteuse, a porté plainte contre un de ses collègues chanteurs qui, au cours des représentations de *L'Inondation*, opéra créé en 2019 à l'Opéra-Comique, aurait eu des gestes et des paroles inappropriées constitutifs d'agression sexuelle. L'affaire est désormais sur la place publique et la presse, jusqu'au *New York Times*, s'en est fait l'écho. Surtout, des plaintes, invoquant l'agression sexuelle d'un côté, la diffamation de l'autre, ont été déposées.

Une forme d'omerta perdure, y compris car celles et ceux qui pourraient dénoncer de tels agissements peuvent nourrir la crainte de jouer les chevaliers blancs, nobles sans doute, mais blacklistés durablement ensuite. Dès lors que les conditions d'engagement des chanteurs resteront toujours marquées par une forme d'arbitraire – c'est-à-dire de choix discrétionnaires et motivés, en principe, par des considérations uniquement artistiques –, toute prise de risque peut se retourner contre son auteur. Les réseaux sociaux s'en sont saisis et des appels à témoignages dans le monde de la musique classique et lyrique ont été lancés.

Il n'y avait aucune raison pour que le monde de l'opéra échappe à certaines évolutions salutaires qui libèrent la parole et sanctionnent les agissements illégaux. Si des délits ou des crimes sont commis dans les opéras qui sont des lieux de travail, par des collègues ou par l'employeur, des procédures doivent être mises en place, pour que les victimes ou les témoins d'agressions puissent agir sereinement. Pour les directeurs d'opéra, cela suppose de connaître la loi, de se former pour avoir les bons réflexes, pour saisir la justice au moyen de l'article 40 du Code de procédure pénale dans le cas d'agents publics. La prévention, la formation, l'information sont des préalables nécessaires, comme dans le domaine de la sécurité qui repose depuis de nombreuses années sur l'exigence de « plans de prévention ». Dans les pays anglo-saxons, des « référents harcèlement » indépendants, baptisés *intimacy coordinator*, sont à la disposition des équipes, de théâtre en théâtre, en particulier lorsque des spectacles prévoient des scènes de nu ou à caractère sexuel. Un changement culturel est possible. L'optimisme porte à croire qu'il est bien engagé et on peut parier que le conditionnement des aides publiques au respect par les théâtres de certaines règles et protocoles y contribuera fortement.

ACTE IV :
De lourdes hypothèques esthétiques

Il est donc entendu que l'opéra, déjà menacé du fait des tensions toujours très fortes sur les finances publiques, quels que soient les pays et les latitudes, et à cause de la raréfaction des soutiens privés, plus enclins à penser rugby et action sociale que nouvelle Tétralogie, pourrait avoir du mal à surmonter la crise de la Covid-19. Si la puissance publique a porté à bout de bras l'opéra à plusieurs reprises dans l'histoire, c'est sans doute parce que ce genre artistique était *trendy* pour les élites mondialisées et, dans le même temps, populaire et varié conformément à ce que l'opéra était jusqu'au milieu du XXe siècle. Ces valeurs, elles aussi, sont menacées et le combat pourrait cesser faute de combattants prêts à défendre leur cher art lyrique. Qui irait se battre pour *Jenufa* ?

La situation est d'autant plus sérieuse que les opéras ne se remettent guère en cause et peuvent parfois donner d'eux-mêmes une image caricaturale, notamment dans les pays les moins tournés vers l'innovation et le théâtre. Pierre Boulez le disait dans les années 1970 : « L'opéra n'a pas fait sa révolution, comme le théâtre l'a fait. Patrice Chéreau ou Peter Stein en Allemagne, et quelques autres, ont poussé le théâtre parlé très loin. En musique, c'est beaucoup plus difficile. »

L'opéra se retrouve ainsi pris en tenaille, par le *mainstream* facile et standardisé, par le ringardisme mortifère, mais aussi par l'intellectualisme et l'élitisme. Face à cela, comment résisterait-il un siècle de plus ?

De *Zazà* à Zara, ou le risque de la standardisation

La mondialisation heureuse, réalité depuis plus de deux siècles dans le monde lyrique par les échanges innombrables entre tous les continents, s'accompagne d'une face plus sombre. Rien à voir avec ce qu'ont connu les compositeurs et les librettistes depuis Da Ponte et Mozart : des artistes locaux donnaient alors les œuvres créées à quelques milliers de kilomètres de là, quelques mois plus tôt seulement. Passons sur la qualité certainement modeste de nombreuses représentations : *Le Prophète* donné dans les années 1880 au grand théâtre de Limoges avec les moyens du bord n'avait sans doute pas grand-chose à voir avec le même titre donné salle Le Peletier à Paris avec les meilleurs chanteurs du monde, un orchestre de professionnels dans un luxe de décors et de costumes. Mais la vitalité créatrice et la diversité étaient une réalité.

Aujourd'hui, les premières menaces qui planent sur la planète lyrique sont l'appauvrissement, la standardisation et le nivellement par le bas. En se promenant dans les rues de San José, Rome, Brest ou Shanghai, le touriste constate avec effarement que les mêmes enseignes peuplent les rues. Apple, Nike, McDonald's… Dans le domaine lyrique, la menace existe également. De *Zazà*, opéra méconnu de Ruggero Leoncavallo créé en 1900, on passe à Zara, marque de prêt-à-porter mondialisée

L'appauvrissement se caractérise d'abord par la concentration des représentations sur un petit nombre de titres et de compositeurs, toujours les mêmes sur tous les continents, à quelques nuances près. Comme l'écrit brillamment Lionel

Esparza dans son inquiétant essai sur l'avenir de la musique classique, « cette centralité du répertoire dans le dispositif musical doit être soulignée comme une absolue singularité de la musique savante occidentale : aujourd'hui, elle en est réduite à la relecture inlassable de son passé, c'est-à-dire à un ressassement infini. Avec, fatales conséquences de cette délocalisation temporaire, la marginalisation de la production présente et la muséification d'œuvres qui en leur temps n'existaient pas en tant que telles ».

Les titres les plus joués en 2019 ? *La Traviata, Carmen, La Bohème, Don Giovanni, Rigoletto, Le Barbier de Séville, La Flûte enchantée, Madame Butterfly, Les Noces de Figaro* et *Tosca.* Verdi, Puccini et Mozart, trio de tête dominateur, exactement comme il y a quinze ans, et, encore plus étonnant, comme il y a près d'un siècle. Il y a une logique à cela, dira-t-on : un peu comme dans la peinture et la littérature avec *La Joconde* ou *Les Misérables*, ces monuments lyriques font recette car ils sont éternels et fascinent, aujourd'hui comme il y a plusieurs décennies. On peut certes identifier certaines nuances locales (*Hänsel und Gretel* pour les fêtes de Noël dans les pays germaniques par exemple ou les opéras de Janáček systématiquement au répertoire des pays slaves), parfois contre-intuitives (Berlioz et Massenet ont longtemps été appréciés en Angleterre bien plus qu'en France…), mais, pour l'essentiel, le cœur du répertoire est identique. On a même calculé la date moyenne de création des œuvres données dans les plus grands opéras du monde : 1864 ! Il n'y a évidemment rien de mal à programmer les grands titres du répertoire ; c'est même une exigence patrimoniale ; c'est ce que le public demande et c'est ce qui réjouit les responsables de la billetterie. Dans le théâtre dramatique, Molière, Corneille, Shakespeare, Rostand font le bonheur des spectateurs. Mais on a aussi besoin de Peter Handke, Elfriede Jelinek ou Marie Ndiaye !

La difficulté vient de ce que cette concentration sur quelques titres du grand répertoire du XIXe siècle a des effets inattendus et délétères sur le public. D'une part, son accoutumance aux tubes du passé rend difficile le développement d'un intérêt réel pour la création contemporaine. D'autre part et à l'inverse, s'agissant des plus jeunes, comment intéresser le public à des œuvres composées toutes, pour l'essentiel, il y a cent cinquante ans, avec des thématiques, des personnages, un langage qui leur semblent, et qui ont parfois, vieilli ? Pourquoi la création, moteur essentiel au cinéma, à la littérature, au théâtre, aux arts plastiques et à la musique pop, fonctionne-t-elle si mal à l'opéra ?

Pour le critique Wayne Koestenbaum, le disque a joué un rôle majeur et paradoxal, et dans la popularisation des grands titres et dans l'appauvrissement de la création, ce que Peter Szendy caractérise sous le terme de « phonogrammatisation ». Depuis qu'elle est entrée dans les foyers, au début du XXᵉ siècle, et ensuite sous toutes ses formes successives, la musique enregistrée a réduit la nécessité d'aller à l'opéra puisque les mélodies connues venaient à l'auditeur, dans le confort de son intérieur. L'oreille s'est accoutumée au plaisir coupable de retrouver des mélodies connues et plébiscitées (d'autant plus qu'au début ce sont seulement les airs qui sont enregistrés et non les intégrales), les risques de la découverte d'une partition inconnue et de sa première audition *live*, toujours particulière, paraissant une potion moins douce. « Les disques ont aidé à tuer l'opéra en limitant le répertoire à une poignée de rengaines répétées et répétables ; (…) l'amour de l'opéra, surtout en disque, est une émotion nostalgique », écrit Koestenbaum. De fait, pendant tout le XIXᵉ siècle, le rythme des créations était infernal et il n'est pas interdit d'établir un lien entre le développement de la musique enregistrée et sa diffusion affolante (jusqu'à l'incroyable discothèque disponible en deux clics sur son smartphone[1]),

---

1. Contrairement à ce que l'on croit toutefois, les catalogues des plate-formes de *streaming*, pourtant toujours supérieurs à 60 millions de titres, sont très loin d'être exhaustifs, en particulier dans le domaine lyrique. Face

d'une part, et les succès souvent limités de la création lyrique contemporaine, d'autre part.

Ce phénomène de concentration esthétique sur quelques titres peut même encourager des déviances commerciales qui n'ont plus grand-chose à voir avec l'opéra mais davantage avec le tourisme de masse qui défile devant les œuvres sans s'y attarder trop ou qui amène des paquebots de croisière dans les eaux de la lagune vénitienne. À l'opéra aussi, comme devant *La Joconde*, on défile pour se faire prendre en selfie pendant *La Traviata* avant de se précipiter sur le prochain point d'intérêt choisi par le tour opérateur.

Venise, justement, accueille un des plus beaux théâtres au monde, la Fenice, où Rossini a créé *Tancrède*, Bellini *Les Capulets et les Montaigus*, Verdi *Rigoletto*, *Ernani* et *Simon Boccanegra* et Stravinsky *The Rake's Progress*, entre autres. Sans oublier *La Traviata*, en 1853. Les surintendants de la Fenice, eux, ont bien cela en tête et ont transformé le chef-d'œuvre verdien, leader incontesté au box-office mondial depuis plusieurs années, en machine à cash. En novembre 2004, à l'occasion de la réouverture du théâtre reconstruit après l'incendie de janvier 1996, une nouvelle production de ce chef-d'œuvre a vu le jour, dans une mise en scène signée du Canadien Robert Carsen. La distribution d'origine est prestigieuse avec, notamment, la Violetta de Patrizia Ciofi et le Giorgio Germont du baryton russe Dmitri Hvorostovsky. Depuis, ce spectacle est repris chaque année sans exception, en général en septembre, au moins pour une série de douze représentations. À partir de 2014, des représentations sont même données en quatre séries par an, 30 fois par saison en moyenne, avec un record atteint en 2016, avec pas moins de

---

à la foule innombrable des ayants droit toujours susceptibles de devenir des procéduriers quérulents, au nombre d'enregistrements potentiels et à la faible probabilité qu'un abonné réclame telle version rarissime, les plate-formes paresseuses renoncent malheureusement à élargir le catalogue et ne font même pas semblant...

38 représentations. Les distributions n'attirent plus le public de connaisseurs et les Vénitiens ont fui depuis longtemps. Les 1 100 places du théâtre sont en revanche copieusement garnies de touristes, notamment asiatiques, auxquels un tour opérateur quelconque a réservé une « soirée lyrique d'exception ». Avec des billets allant de 77 à 181 euros, pour un spectacle ultra-amorti, la rentabilité est assurée pour la Fenice.

Ce modèle, qui rapproche furieusement l'opéra du pur *entertainment*, ne peut fonctionner que dans une ville touristique, dans laquelle le reste de l'offre musicale n'est pas aussi large qu'à Berlin, Londres, New York ou Paris. Mais la tentation d'occuper le plateau par des productions très rentabilisées pour touristes est très forte partout, quitte à ce que le prix des billets soit moins élevé que pour des productions nouvelles avec des chanteurs de premier plan. En tout cas, à ce rythme, il est possible que, dans quelques décennies, la Fenice réussisse à battre le record du *Fantôme de l'opéra*, le *musical* d'Andrew Lloyd Weber qui a atteint, depuis sa création en 1986 au Her Majesty's Theatre de Londres, le chiffre faramineux de 140 millions de spectateurs et un chiffre d'affaires estimé à 7 milliards de dollars.

Plus sournoise, la tournée internationale façon Céline Dion ou, jadis, Rolling Stones. La comparaison est évidemment excessive mais, au nom de légitimes recherches d'économies, les théâtres lyriques du monde entier se sont mis à s'échanger des productions couronnées de succès, la plupart du temps de grands titres populaires et, plus rarement, d'ouvrages moins connus. Les grands musées connaissent les expositions tournantes. Dans le domaine lyrique, les décors et les costumes, stockés en containers maritimes, voguent de ville en ville, avec le metteur en scène et parfois les rôles principaux, tandis que les équipes techniques, les orchestres et chœurs locaux acclimatent la production aux caractéristiques de leur théâtre. *La Fille du régiment* de Donizetti, mise en scène par Laurent Pelly, a ainsi été créée en 2007 au Royal Opera House de Covent

Garden, sur mesure pour Natalie Dessay et Juan Diego Florez avant de partir à New York, Vienne, Barcelone et Paris, cinq ans plus tard. Entre-temps, de nombreuses captations télé et même un DVD auront rendu familières au public les pitreries irrésistibles et surtout les brillantes prestations vocales de la soprano et du ténor en culotte de cuir. Couronnée de succès, la production continue son périple, avec des reprises ici et là, ce qui garantit une rentabilité optimale pour les coproducteurs d'origine et des spectacles à prix raisonnable pour les maisons d'accueil. Quelques autres exemples sont bien connus, comme l'*Adriana Lecouvreur* de Cilea, dans la production de David McVicar, créée à Londres en 2010, puis passée par Paris et New York. La *Carmen* très catalane de Calixto Bieito, en provenance du Festival de Peralada en 1999, marque un phénomène encore différent : après des escales à Venise, Barcelone, Londres, San Francisco, Oslo, Palerme… et Paris près de vingt ans plus tard, la demande est tellement forte que la production a été dédoublée, de manière que des théâtres puissent programmer *en même temps* une production par définition en principe unique. Il est rare, vu les coûts engagés, que l'on construise des décors en double. Pour *Carmen*, c'est possible !

Les spectateurs, heureux de voir une production réussie, les directeurs financiers des opéras et les artistes sont gagnants : les coûts de « création » d'un « nouveau spectacle », à défaut d'une nouvelle production inédite, sont réduits de manière très forte quitte à ce qu'on vérifie le décor, remette un coup de peinture et redonne un air de neuf aux costumes ; pour les chanteurs, une mise en scène « apprise » dans une maison peut, sans grandes difficultés, être transposée sur une autre scène, avec des temps de répétitions réduits au minimum.

Mais, ce que les théâtres gagnent en productivité (Baumol n'avait pas imaginé ces productions tournantes), le monde lyrique le perd en diversité et en créativité. Les spectacles conçus et construits ailleurs, dénués de tout esprit maison, tournent dans le monde comme des âmes en peine. Si l'on ajoute à cela le fait que les orchestres d'opéra, de plus en plus internationaux, perdent aussi petit à petit la couleur qui avait pu faire leurs particularités (la clarté pour les orchestres français, les vents pour les Wiener Philharmoniker, la rondeur de la Scala), la standardisation menace avec le risque de banaliser la création lyrique.

« *Ridi, pagliaccio* »[1] : l'opéra et le cirque

Cette standardisation croissante entre les grandes maisons d'opéra du monde peut, au moins, se targuer d'un niveau de qualité la plupart du temps élevé et parfois exceptionnel. Anna Netrebko en Adrienne Lecouvreur, Juan Diego Florez en Tonio de *La Fille du régiment* ou Roberto Alagna, Elīna Garanča et Anita Rachvelishvili dans *Carmen* font se lever les foules, à raison. D'autres expériences, sur un strict plan artistique, sont autrement contestables.

Les Arènes de Vérone marquent une forme de popularisation, voire de vulgarisation, de l'art lyrique et cela, depuis plus d'un siècle. On est dans le folklore, avec la pizza avant le spectacle, la bougie allumée pendant et la *passeggiata* après. Les 15 à 20 000 spectateurs voient mal – ce qui n'est pas si grave – et n'entendent pas grand-chose, ce qui l'est davantage. Mais Vérone fait partie de l'histoire de l'art lyrique et, après tout, dans cette arène-là, on a le sentiment d'une expérience collective assez forte, d'autant plus que les plus grands chanteurs du monde y sont passés et y viennent encore. En Autriche, le festival de Bregenz, avec la scène flottante sur le lac de Constance, relève de la même esthétique avec décors majestueux, micros et voix amplifiées. La tradition italienne a son charme, le kitsch à l'autrichienne sans doute aussi...

---

1. «Ris, Paillasse », extrait de l'air « *Vesti la giubba* » chanté par Canio dans l'opéra *I Pagliacci* de Ruggero Leoncavallo (1892).

Il est une autre pratique qui prête davantage le flanc à la critique car la qualité est encore plus dégradée. Sous couvert de démocratisation de l'opéra, de nombreuses opérations commerciales sont proposées dans des *arenas* et des stades, avec une qualité artistique discutable. *Carmen, Aïda, Nabucco* sont les victimes désignées de ce genre de mascarades sonorisées, que quelques grands noms-alibis viennent cautionner. *Aïda* ? Dirigée par Plácido Domingo ! *Carmen* ? Avec Roberto Alagna bien sûr ! Guy Debord, à nous ! La société du spectacle-marchandise tue l'art lyrique.

Le phénomène n'est pas si récent : le Palais des Sports à Paris, bien avant le Palais omnisports de Bercy devenu l'Accor Arena, accueillait déjà des *Carmen* proposées par l'Opéra de Paris au début des années 1980, pendant que le Palais Garnier faisait l'objet de travaux de rénovation. Aujourd'hui, on est passé au Stade de France, avec plusieurs dizaines de milliers de spectateurs, prêts à s'acquitter d'une somme rondelette allant jusqu'à 200 euros pour les meilleures places. Pour ce prix, « des costumes et des décors grandioses et une mise en lumières digne des plus grands shows » et, surtout, des artistes aussi magnifiques que Roberto Alagna, Béatrice Uria-Monzon et Aleksandra Kurzak. Sonorisés, évidemment, comme l'orchestre. D'où la question : est-on encore à l'opéra ? La frontière avec les comédies musicales devient de plus en plus ténue. Comment apprécier la subtilité d'une partition, la beauté d'un phrasé, la fragilité d'un son pianissimo avec, entre les artistes et ses oreilles, des amplificateurs de plusieurs dizaines de mégawatts plus adaptés au rock ou au rap ?

L'amplification pose un problème particulier, malgré les grands progrès technologiques de ces dernières décennies. Certes, le public, notamment le plus jeune, est habitué – et donc s'attend – à des volumes sonores inconnus il y a quelques décennies. Certains, y compris un artiste comme le ténor Vittorio Grigolo, en déduisent que les voix devraient être amplifiées, y compris dans des théâtres fermés, pour s'adapter

aux attentes du public, aux manières d'écouter, à la physio-
logie des oreilles peut-être, au confort des artistes pigres, à
supposer qu'il y en ait.

Pourtant, l'immédiateté, l'absence d'intermédiation,
la fragilité de la voix humaine participent pleinement de
l'émotion et du plaisir. Où passent-elles ? Le progrès doit-il
rester à la porte des opéras ? La Staatsoper de Berlin a installé
un système baptisé « Lares » [1] (*Lexicon Acoustic Reinforcement
and Enhancement System*) par lequel des micros et de petits
haut-parleurs augmentent la réverbération de la salle,
notamment pour certaines représentations d'œuvres de Wagner,
pour lesquelles on passe de 1,2 à 1,7 seconde, ce qui est censé
être davantage conforme aux intentions du compositeur.

Cette amplification peut se justifier pour corriger des
défauts propres à l'acoustique de certaines salles ou pour que
des dialogues parlés soient audibles de tous, par exemple dans
La Flûte enchantée, *Carmen* ou d'autres opéras-comiques.
Lorsqu'il s'agit de produire des effets, par exemple en modifiant
le temps de réverbération, la chose devient plus discutable.
Et, au bout de la logique, pour les solistes, lorsqu'on pose des
micros dans leurs cheveux pour une représentation dans un
stade ou un espace ouvert comme les Thermes de Caracalla à
Rome, la question de l'apprentissage de la technique particulière du chant lyrique se pose. À quoi bon ? Quelle différence
avec la comédie musicale voire la musique pop ? Si Dietrich
Fischer-Dieskau, un des plus grands barytons du XXe siècle – et
un *Liedersänger* d'exception –, n'a jamais chanté au Met, la
dimension de la salle n'y est sans doute pas pour rien. Au-delà
d'une quarantaine de mètres, la qualité de la transmission
du son, des cordes vocales vers les tympans du public, est
dégradée.

---

1. On sourit en imaginant l'équipe d'ingénieurs du Massachusetts à
l'origine de cette technologie chercher son nom de baptême en référence
aux divinités domestiques romaines, symbole de confort et de protection. Le
nom de leurs collègues « Pénates » aurait eu une certaine allure également.

Ce que fait Madonna avec l'Auto-Tune, n'importe quel chanteur pourra-t-il le faire pour transformer ses hurlements en contre-ut, pour éviter d'émettre une note trop haute ou trop basse, et la faire corriger instantanément sans que le public ne s'en rende compte ? Dans le domaine de la musique enregistrée, on sait qu'Elisabeth Schwarzkopf a « prêté » des contre-uts à Kirsten Flagstad pour un enregistrement de *Tristan et Isolde* et qu'une « banque de contre-uts » enregistrés par le jeune Plácido Domingo devait servir en secours pour des enregistrements plus tardifs, ce qui s'apparente à du rafistolage vocal… Dans le *live*, il faut se garder absolument de tels artifices sauf à dénaturer l'art lyrique. Ce qui a, depuis toujours, fait le succès de l'opéra, ce qui le distingue d'autres formes musicales réside précisément dans la fragilité du funambule, la menace de l'accident, du couac, de la panne ou au contraire dans l'extraordinaire force de moments magiques. Si la technologie est prête à parer à toute éventualité, la magie se brise.

Tant mieux, certes, si, à partir de 29 euros (pour ce prix-là, au Stade de France, on est à environ 200 mètres de la scène), un public différent pourra venir apprécier un opéra ou plutôt un spectacle « issu de l'opéra ». Pourquoi, à ce même prix, le public ne vient-il pas à l'Opéra Bastille (premier prix : 5 euros, y compris pour une *Carmen* avec Roberto Alagna), à Toulouse (premier prix : 8 euros) ou Marseille (10 euros) ? Ces opérations révèlent, pour nos institutions culturelles, des questions fondamentales qui doivent être traitées frontalement. Pourquoi la démocratisation ou tout au moins l'ouverture à des dizaines de milliers de fans dans un stade reposent-elles souvent sur la médiocrité, c'est-à-dire sur la vulgarisation de mauvaise qualité, à grands coups de marketing et aux techniques de la culture de masse qui ne sont pas adaptées à l'opéra et l'abîment, même ? Quelles barrières psychologiques faut-il abattre pour que cette ouverture soit celle des théâtres à l'italienne ? Quelles propositions inventer pour que les maisons d'opéra soient enfin perçues comme étant ouvertes à toutes et à tous, à l'instar des stades ou des salles de concerts pour la musique pop ? Ces questions fondamentales font peser sur les dirigeants de nos institutions lyriques une obligation *a minima* de moyens mais, plus vraisemblablement, s'ils veulent sauver l'essentiel, une véritable obligation de résultat.

Au passage, la taille de la jauge n'est pas nécessairement synonyme de bouillie pour le public. Les Chorégies d'Orange, plus vieux festival au monde, donnent depuis 1869 des spectacles lyriques populaires, avec de très grands artistes et d'excellents orchestres, non sonorisés malgré le plein air et la magnificence du lieu. L'amateur de voix et « d'expérience spectateur », comme on dit aujourd'hui, est comblé car, à Orange, avec parfois un délicieux mistral, un violent orage ou les hirondelles planant au-dessus du public jusqu'à la tombée de la nuit, on a le sentiment fort d'écrire l'histoire de l'opéra... aux côtés de 9 000 autres coreligionnaires[1]. Les mises en scène ne sont certes pas révolutionnaires, la plupart du temps, surtout compte tenu de temps de montage et de répétition réduits, et les équipes jouent comme elles le peuvent avec les contraintes du lieu[2]. Mais le spectacle est toujours au rendez-vous. Là encore, les prix se sont malheureusement envolés depuis quelques années (de 23 à 281 euros en carré or en 2021), le modèle de production de l'opéra, surtout avec de grands chanteurs, étant largement incompatible avec une politique tarifaire volontariste. Le soutien marqué de certaines collectivités à la manifestation vauclusienne et un effort de diversification de la programmation donnent confiance dans l'avenir.

---

1. Si l'on comptabilise tous ceux qui *prétendent* avoir assisté à la *Norma* de Montserrat Caballé, le 22 juillet 1974, cette jauge peut aisément être multipliée par dix.

2. La scène mesure plus de 60 mètres de large... six fois plus que celle de l'Opéra d'Avignon voisin.

L'opéra-musée vs. l'opéra-trash

Admettons la difficulté franchie. Une famille francilienne, aidée par le comité d'entreprise de monsieur ou de madame, a acheté quelques places pour se rendre au barnum proposé par le Stade de France. Elle a plutôt aimé même si le petit dernier trouve qu'on est trop loin et que la sono n'est pas assez forte. Quelques mois plus tard, une publicité bien conçue et une offre promotionnelle les poussent à recommencer l'expérience, dans un opéra, un vrai. Et là… il y a fort à parier que la proposition sur la scène les fasse déchanter, c'est le cas de le dire, soit qu'elle soit jugée ringarde et poussiéreuse, bien loin de leurs préoccupations et de leurs attentes, soit qu'elle les perde en route par excès d'intellectualisme et de liberté par rapport à un livret pourtant susceptible de les intéresser. Ces questions sont inflammables au plus haut point et toute opinion subjective encourt l'anathème et l'excommunication : que l'on attaque les mises en scène les plus perchées, et on se voit immédiatement taxé de conservatisme et de ringardisme ; que la énième *Bohème* où seule la place du poêle à bois a changé vous paraisse insupportable, et vous voilà classé dans la catégorie des théâtreux-snobs-qui-ne-connaissent-rien-à-l'opéra…

Les questions sont pourtant essentielles : comment maintenir le lien avec le public ? Comment donner une œuvre pour le public du XXe siècle sans la trahir ? Jusqu'où peut-on « l'interpréter », et avec quelle marge de liberté ?

Le metteur en scène, un créateur ?

La question de l'interprétation de l'œuvre par l'équipe artistique, et en particulier par le metteur en scène dans son « dialogue avec les morts », pour reprendre l'expression de Heiner Müller, est centrale dans la vie lyrique depuis une bonne quarantaine d'années.

Par le passé et pendant l'essentiel de l'histoire de l'opéra, la notion de mise en scène a longtemps été inexistante. On a vu apparaître, progressivement, des fonctions se rapprochant de ce que l'on nomme aujourd'hui « metteur en scène ». Dès le début du xviie siècle, il y eut le « *corago* » ou « *choragus*[1] » ; puis le « régisseur » et un « comité de mise en scène » à l'Académie royale de musique à Paris dès le milieu du xixe siècle… mais tout cela n'était pas grand-chose : pendant que le théâtre en vers et en prose reposait de plus en plus sur une direction d'acteurs, à l'opéra, y compris pour des motifs techniques et de modes de production, on s'est borné à mettre en espace et à illustrer les histoires proposées par les librettistes. Au milieu du xviiie siècle, le grand Metastasio accompagne livrets et partitions d'indications et de schémas sur l'endroit précis du plateau où les artistes doivent venir se positionner, tout mouvement intempestif étant proscrit. En Italie, jusque dans les années 1960-1970, un « metteur en scène » maison assurait tous les spectacles de la saison : il y avait, au Teatro Massimo de Palerme, Aldo Mirabella Vassallo, au Teatro Bellini de Catane, Luciano Barberi ; en Allemagne et en Autriche également, le metteur en scène, parfois appelé « *Dramaturg* », fait partie de l'effectif permanent et on se rappelle Lothar Wallerstein à Vienne ou Götz Friedrich à Berlin.

L'histoire de la mise en scène est ainsi intrinsèquement liée à celle de l'art lyrique lui-même, d'abord divertissement de cour figuratif, puis, à partir du début du xixe siècle, plaisir bourgeois dont le Grand Opéra des années 1840-1860 est l'archétype. Il faut en mettre plein la vue au banquier et à l'industriel qui louent les loges à l'année. On fait venir salle Le Peletier, en vue de la création du *Prophète,* un professeur de patin à roulettes pour rendre plus crédibles les danseurs censés patiner sur la glace de la Meuse, on introduit l'éclairage au gaz et, petit à

---

1. Un mystérieux traité anonyme des années 1620-1630, retrouvé dans les années 1970 et publié en 1983 par les éditions Olschki à Florence (*Il corago o vero alcune osservazioni per metter bene in scena le composizioni drammatiche*), décrit abondamment les responsabilités de cet ancêtre de nos *stage managers*, directeurs de scène et metteurs en scène.

petit, les décors prennent de l'importance. Mais de « dramaturgie », c'est-à-dire d'interprétation, de lecture, de récit, on ne
parle pas. À vrai dire, beaucoup de spectateurs continuent à
confondre scénographie – qui désigne l'art de l'aménagement
de la scène et du plateau –, décors et mise en scène alors même
qu'il s'agit de métiers et de fonctions différentes dans la chaîne
productive. Au metteur en scène, il revient de définir la proposition, la lecture, la vision, que l'équipe, très souvent fidèle (il y
a ainsi des couples comme Strehler-Frigerio, Chéreau-Peduzzi,
Warlikowski-Szczęśniak, Michieletto-Fantin), mettra en œuvre
en imaginant les décors, les costumes et les lumières.

Jusqu'au milieu du XXᵉ siècle, l'opéra reposait ainsi d'abord
et avant tout sur la musique et sur les voix. Cela a pu conduire
le critique George Bernard Shaw, dans les années 1920, à
avancer l'idée provocatrice que la meilleure façon d'assister
à un opéra était de s'asseoir au fond d'une loge, de poser les
pieds sur une chaise et de fermer les yeux : « Si votre imagination ne peut pas faire au moins aussi bien que n'importe quel
décorateur, vous ne devriez pas aller à l'opéra. » Aujourd'hui,
il recommanderait d'écouter une plateforme de *streaming* et
de rester dans son salon !

Petit à petit, avec Adolphe Appia (1862-1928), Constantin
Stanislawski (1863-1938), Vsevolod Meyerhold (1874-
1940), Bertolt Brecht (1898-1956), Wieland Wagner (1917-
1966) – petit-fils du compositeur qui dirigea Bayreuth après
la mise à l'écart de sa mère, Winifred, compromise avec le
nazisme – et enfin Josef Svoboda (1920-2002), des hommes
de théâtre se sont intéressés à l'opéra, en commençant par les
œuvres dont les livrets sont les plus riches sur un plan litté-
raire et dramaturgique. Dans les années 1970, des liens forts
se sont noués entre les deux mondes, avec Giorgio Strehler
et le Piccolo Teatro de Milan, Peter Brook et le Centre international de créations théâtrales, Luca Ronconi et le labora-
toire de Prato.

Dans les deux Allemagnes, à l'Est avec Walter Felsenstein
et Ruth Berghaus, à l'Ouest avec Hans Neuenfels et Götz

Friedrich, la révolution du *Regietheater* a aussi fait bouger fortement les lignes.

Les mythes (Don Giovanni, Orphée, Faust...), les opéras tirés de grands textes (*Don Quichotte, Don Carlos*...), évidemment la Tétralogie de Wagner, ont inspiré les metteurs en scène les plus inventifs. Luchino Visconti, en particulier dans ses productions scaligères historiques (*La Vestale, La Sonnambula, La Traviata*...), a adopté une attitude originale, n'hésitant pas à choquer, tout en se réclamant des valeurs originelles des œuvres : il décide ainsi d'ouvrir le rideau de scène dès l'ouverture (ce qui est devenu tellement habituel !) ; il allume la salle pour la cabalette finale d'Amina dans *La Sonnambule* et crée ainsi un nouveau rapport salle-scène pour le feu d'artifice conclusif ; et lorsqu'il rencontre Callas, « pas encore une grande actrice » selon lui, son objectif est de la faire travailler sur le plan dramatique.

Si l'on ajoute à cela le fait qu'il n'est pas évident – et, pour beaucoup, pas très intéressant – de monter un nouveau *Rigoletto* ou un *Barbier de Séville* sans chercher à apporter quelque chose en plus, les ingrédients étaient réunis pour encourager des interprétations de plus en plus éloignées de la lettre, sinon de l'esprit du livret, de ses didascalies et indications scéniques souvent très précises.

Jusqu'où peut-on aller ? Il est impossible de fixer une règle ; on parle d'art et donc d'impondérable. Calvino disait qu'une œuvre d'art n'a jamais fini de dire ce qu'elle a à dire ; la question est en réalité double : jusqu'où peut-on aller sans dénaturer l'œuvre ? Jusqu'où peut-on aller sans perdre tout ou partie du public ?

Sur le premier point, il y a une limite juridique désormais bien éclaircie par la Cour de cassation française. À l'origine de cette jurisprudence très commentée, le formidable trublion russe, Dmitri Tcherniakov. Très préparé, précis dans son travail théâtral, Tcherniakov ne se borne jamais à mettre en espace. Partant du texte et de ce qu'il estime être l'esprit de l'œuvre, il propose des mises en scène toujours surprenantes, parfois agaçantes, jamais banales, enthousiasmantes lorsque cela fonctionne. *Don Giovanni* au Festival d'Aix était un clochard parasitant une famille de grands bourgeois, *Il Trovatore* à la Monnaie de Bruxelles en 2012 était transformé en règlement de comptes familial et, encore plus fort, *Carmen*, à nouveau à Aix-en-Provence, devenait une infirmière soignant Don José dans un institut pour couples en difficulté. En Russie, certaines de ses productions avaient encouru les foudres du public et une justiciable moscovite avait même cherché à faire interdire *Rouslan et Ludmila* de Glinka, monté pour la réouverture du Bolchoï en novembre 2011 pour « débauche sexuelle alcoolisée » et « dénaturation de la culture russe ». Un tribunal moscovite l'avait déboutée.

Les ayants droit de Glinka, Verdi et Bizet se sont peut-être retournés dans leurs tombes ; ils n'ont en tout cas pas saisi la justice, ce que les héritiers de Poulenc et de Bernanos, eux, ont fait, après des *Dialogues des carmélites* donnés à Munich en 2010. En cause, une mise en scène qui n'a touché ni au texte, ni à la musique. Mais la « lecture » de Tcherniakov retirait toute dimension catholique et même spirituelle à l'opéra adapté de Bernanos et transformait en profondeur la dernière scène, une des plus belles de l'art lyrique : au lieu que la guillotine rythme la disparition, une à une, des carmélites assassinées par la folie révolutionnaire et des instruments de l'orchestre dans un *diminuendo* saisissant, Blanche de la Force sauve ses sœurs qui tentent de se suicider au gaz en se faisant exploser dans la maison de bois qui tient lieu de couvent… Le 13 octobre 2015 et après avoir échoué en première instance, les ayants droit obtiennent de la cour d'appel de Paris l'interdiction de la commercialisation du DVD de la soirée. Pourvoi en cassation. Deux ans plus tard, par une décision du 22 juin 2017, la Cour de cassation inverse la solution : la cour d'appel ne pouvait décider d'interdire la diffusion de ce spectacle sans examiner « en quoi la recherche d'un juste équilibre entre la liberté de création du metteur en scène et la protection du droit moral du compositeur et de l'auteur du livret justifiait la mesure d'interdiction ». « Liberté de création du metteur en scène », les mots sont lâchés et ils sont très importants, comme ceux de « juste équilibre ». Non, on ne peut pas faire n'importe quoi avec une œuvre, le droit moral des auteurs – du reste parfois encore vivants [1] – étant imprescriptible ; mais oui, cela résulte clairement de la décision de la cour, une œuvre telle qu'un opéra peut justifier une interprétation, une mise en scène qui va au-delà de la mise en espace ou de la simple reproduction de schémas vus et revus.

Certains metteurs en scène prennent la précaution de distinguer leur travail de l'œuvre initiale : aux Bouffes du Nord en 2005, on pouvait assister à *Une flûte enchantée* librement adaptée par Peter Brook (et non à *La* flûte enchantée) ou, à la Monnaie en 2011 à *Parsifal d'après* Richard Wagner et revu par Romeo Castellucci. Dans certains répertoires, la modernisation des parties récitées et non chantées est une option défendable : réécrire, pour les adapter à notre temps, les dialogues d'il y a deux cents ans, dans une langue différente, avec des allusions incompréhensibles aujourd'hui, loin d'être une trahison, peut être une des conditions pour parler au public. Eugène Scribe utilisait une langue populaire destinée à parler au public de l'Opéra-Comique ; de nos jours, elle apparaît désuète et dresse une nouvelle barrière difficilement franchissable. La supprimer – sans évidemment toucher à la partition et aux mots mis sur les notes – peut se justifier sans difficulté et très bien fonctionner comme l'a démontré la production de *La Dame blanche* de Boieldieu montée par l'Opéra de Rennes avec une mise en scène et des dialogues modernisés par Louise Vignaud.

---

1. On se rappelle la colère de Ligeti face à Peter Sellars qui avait monté et, selon lui, « falsifié » et « trahi », *Le Grand Macabre* à Salzbourg en 1997. « En vingt ans, il y a eu dix-huit productions dans le monde du *Grand Macabre*, on a bien le droit d'essayer quelque chose qui nous ressemble et qui soit différent. N'est-ce pas le propre d'un classique que de donner lieu en permanence à de nouvelles interprétations ? » se défendait le metteur en scène, soutenu par le chef Esa-Pekka Salonen.

Les choses doivent être clarifiées sur un autre sujet majeur : contrairement à ce que l'on dit parfois, les metteurs en scène n'ont pas pris le pouvoir ; le pouvoir, dans un théâtre, appartient au directeur, au surintendant ou au *general manager*, quel que soit le nom de sa fonction. Simplement, la question des choix du metteur en scène et de sa vision a commencé à compter, quand, auparavant, elle ne se posait même pas. Et, du point de vue de la force et de l'émotion, c'est formidable. Il y a un avant et un après Wieland Wagner, Giorgio Strehler, Patrice Chéreau, Dmitri Tcherniakov comme, dans la fosse, il y a un après Toscanini, Bernstein, Karajan, Abbado ou Salonen. Pour éviter des productions plates, inabouties, idiotes, provocatrices, il appartient au directeur, et à lui seul, de ne pas engager les mauvais metteurs en scène, d'arbitrer en cas de désaccord avec le chef d'orchestre, et, lorsqu'il est trop tard, de rectifier ce qui peut l'être. La prise de pouvoir par les metteurs en scène[1] est l'alibi des directions faibles. À elles, et à elles seules, revient encore la responsabilité de bâtir un projet d'ensemble pour le théâtre, d'expliquer les choix, de nouer avec le public, spectacle après spectacle, saison après saison, une relation de confiance qui permette d'enrichir l'approche de l'opéra ainsi proposée et de quitter, en confiance donc, les rives confortables du connu pour explorer d'autres manières de voir le monde et d'autres répertoires. On y reviendra.

L'opéra de grand-papa, un plus petit commun dénominateur de courte vue

Le premier risque qui pèse sur les choix du directeur d'opéra est celui de l'opéra de grand-papa. Dans la lignée des « mises en espace » qui ont tenu lieu de mise en scène pendant des décennies, certains artistes proposent une illustration littérale des œuvres, les variations dans les décors et

---

1. Cocteau n'hésitait pas à parler de « l'accoucheur qui se prend pour le père ».

les costumes justifiant, sans doute, qu'elles soient à nouveau données ici et là, parfois à grand prix. Quelques-uns ont poussé très loin ce savoir-faire, avec un luxe inouï de détails, de décors, de costumes, de figurants. Franco Zeffirelli est leur grand maître, Otto Schenk ou, plus récemment, Jonathan Miller ou Giancarlo del Monaco sont ses épigones. À la Scala, au Metropolitan Opera, aux Arènes de Vérone, la maîtrise des espaces scéniques par le metteur en scène romain est impressionnante et le résultat peut être tout à fait satisfaisant pour le public : l'histoire est compréhensible, on en a pour son argent, jusqu'aux animaux vivants appelés en renfort[1]. Lorsque les chanteurs sont les meilleurs du monde, cela peut même donner de très belles émotions. Radamès en armure dorée, Manrico rapide à dégainer l'épée, Escamillo en *chaquetilla* brillante ne sont après tout pas moins légitimes que les mêmes en imperméable grisâtre et dotés de kalachnikov.

Ces productions-là, ces « œuvres-fossiles » pour reprendre l'expression d'Hervé Lacombe, ont un immense mérite : leur lisibilité pour le néophyte. Pas besoin de convoquer les lectures freudiennes ou les mises en abyme tirées par les cheveux. Carlo ne couche pas nécessairement avec Posa et Fiordiligi avec Dorabella ; quant aux nazis, ils n'ont rien à faire dans l'intrigue de *Samson et Dalila*. En particulier pour les plus jeunes qui vont à l'opéra pour la première fois, l'opéra façon « grand spectacle » est une bonne manière de s'y retrouver ou, plutôt, de ne pas se perdre tout de suite.

La difficulté est que ce plaisir-là n'est pas durable. D'une part, ces productions figuratives vieillissent même si on a

---

1. On peut, heureusement, faire confiance aux protecteurs de la cause animale pour contribuer à la lutte contre l'inflation des coûts liée à la présence de ces figurants pas comme les autres : en 2012, des associations ont manifesté devant la Scala pour protester contre l'utilisation d'un âne et d'un cheval dans *La Bohème* mise en scène par Zeffirelli ; en 2015, c'est la présence du taureau Easyrider sur la scène de Bastille pour *Moïse et Aaron* qui avait déclenché une pétition en ligne.

renoncé depuis longtemps au carton-pâte. D'autre part, une lecture trop « degré zéro » peut conduire le public à rire du ridicule de situations admissibles dans des opéras d'il y a quelques décennies, ou *a fortiori* quelques siècles, mais auxquelles le public d'aujourd'hui ne peut plus adhérer et à cause desquelles Bertolt Brecht dénonçait en 1927 la « crétinisation de l'opéra » symbole bourgeois par excellence. Du reste, la mise en scène de certaines œuvres a systématiquement rompu les amarres avec tout figuratisme : imagine-t-on voir encore sur scène une Brunehilde casquée avec sa lance et suivie de ses sœurs à cheval, comme Alice Guszalewicz en 1910 ? Dès 1899, Léon Tolstoï admet dans *Qu'est-ce que l'art ?* qu'un Siegfried bedonnant aurait bien du mal à être crédible pour forger une épée avant de terrasser un dragon en carton-pâte. Le travail que Bayreuth a réalisé à partir de Wieland Wagner est-il inaccessible au reste du répertoire ? Aucune partie du répertoire n'est par nature exclue d'un travail de modernisation, c'est-à-dire de réflexion sur la manière de parler au public d'aujourd'hui. *Le Barbier de Séville* mis en scène par Coline Serreau à l'Opéra Bastille en 2002 mettait l'accent, sans provocation, sur les droits de la femme bafouée dans un environnement paternaliste et musulman ; *Don Pasquale* mis en scène par Damiano Michieletto insiste sur le caractère cruel et cynique du comportement de nouveaux riches suburbains face à un homme âgé déclassé dans le monde moderne. Même le bel canto le plus léger admet ainsi une relecture qui dépasse le seul divertissement. Pourquoi s'en priver ?

L'intellectualisme, triangle des Bermudes pour une élite européenne

Le deuxième risque, symétrique et non moins sérieux, est celui d'un intellectualisme abscons qui perd le spectateur, parfois définitivement. Au motif qu'il est, lui aussi, créateur, le metteur en scène livre une transposition spatiale, temporelle, psychologique, qui, à moins qu'une note explicative – un mode d'emploi, presque – soit publiée dans le programme de salle, restera incompréhensible aux spectateurs[1].

Faut-il comprendre pour apprécier ? Certes, l'émotion peut se passer d'histoire et de mots mais, s'il y a un texte et des personnages, si l'opéra est aussi du théâtre, c'est parce qu'il fait appel à la compréhension. Et si tout ce que l'on voit sur scène est sans lien avec, voire contredit, tout ce que l'on sait de l'œuvre, tout ce que l'on lit sur les surtitres et, quand on a de la chance, tout ce que l'on comprend des paroles, le spectateur risque d'être pour le moins désorienté. Il est difficile de généraliser dans ce domaine. Certaines relectures peuvent être réussies et l'exemple de Tcherniakov le montre, en particulier dans le répertoire russe où il est toujours inspiré. D'autres, moins abouties, se résument non à l'enrichissement de l'œuvre mais à sa dénaturation, au sens où la Cour de cassation l'a entendu. La frontière est difficile à tracer et l'art de réussir un spectacle relève de l'alchimie. Quelques grands artistes dont l'intelligence et le professionnalisme sont hors de doute, échouent parfois et cela fait partie de la difficulté de l'opéra. Claus Guth, metteur en scène allemand qui a notamment réussi une extraordinaire trilogie Mozart/Da Ponte pour le Festival de Salzbourg, a échoué, de mon point de vue (je souligne !), avec *La Bohème* à l'Opéra de Paris en 2017. Précise, aboutie, intelligente, brillante même, sa proposition l'est : au-delà du caractère anecdotique du choix d'une navette spatiale comme décor des deux premiers actes, on est frappé par le travail sur la relation entre Rodolfo et Mimi. Souvenir ? Fantasme ? On ne sait si ces deux-là se sont même jamais rencontrés. Pourquoi pas ? Lorsque, à la dernière scène de l'acte 4, Rodolfo privé d'oxygène meurt sur une lointaine planète tandis que Mimi, sans scaphandre, s'éloigne, on peut être emballé par le brio de la relecture, parfaitement contraire au livret dans

---

1. D'autant qu'ils ne sont guère plus, en moyenne, qu'un sur trois à acheter ledit programme.

lequel Rodolfo hurle sa tristesse devant le corps inanimé de la soprano. Mais l'émotion fuit sur cette planète glaciale ; elle n'est même jamais arrivée et le spectateur peut se sentir frustré, privé de ses frissons. Ceux-ci ne dépendaient à coup sûr pas de la place du poêle ou de la vue sur les toits de Paris ; mais ils se sont révélés incompatibles, pour moi, avec le froid lunaire. Tout cela est, à nouveau, extrêmement subjectif. Les jeunes présents lors de l'avant-première qui leur était réservée avaient fait un triomphe à cette vision moderne et surprenante de l'œuvre de Puccini et manifesté leur enthousiasme par une ovation debout. Quarante-huit heures plus tard avec le public habituel des premières, une bronca avait conclu la soirée.

Malheureusement, on assiste souvent à des relectures encore moins compréhensibles et sensibles, l'ego du metteur en scène étant manifestement, pour lui, une boussole de choix. Évidemment, dans les dîners en ville parisiens, on préférera l'intellectualisme abscons au figuratisme zeffirellien. Dire que l'on a détesté une mise en scène de Romeo Castellucci [1] risque de vous faire considérer comme un philistin. Mais *quid* du public, de celui qui remplit le fond des théâtres et qui peut aussi, au passage, avoir une connaissance profonde du répertoire ? Philippe Beaussant, dans son pamphlet réac sur *La Malscène*, conteste, non sans arguments sur ce point, « l'opéra en jean et bikini » « aussi élitiste que le vieil opéra en costume d'époque (…). Il n'y a plus que les spectateurs "avertis", ceux qui connaissent l'œuvre avant le début de la représentation, ceux qui savent le livret par cœur, qui soient capables de comprendre ce qui se passe, de quoi on parle, ce que l'on veut nous faire ressentir, où, quoi, quand, comment, ce que cela veut dire et pourquoi on doit l'aimer ». Lorsqu'il est impossible de comprendre ce qui est donné à voir sur

---

1. Génialement inspiré pour *Parsifal* à la Monnaie en 2011 ou pour *Moïse et Aaron* à Bastille en 2015, il a sensiblement moins réussi, à mes yeux, un bizarre *Requiem* de Mozart au Festival d'Aix en 2019.

scène, il y a fort à parier que le public démissionnera, en partant, en fermant les yeux… et en ne revenant pas.

À cela on peut ajouter quelques figures obligées, nouveaux conformismes, que l'on retrouve abondamment sur les scènes du monde. En vrac, les mitraillettes et autres kalachnikovs, les vidéos très intrusives plus ou moins réussies, les imperméables grisâtres, les caravanes, les grands murs postindustriels sont les nouveaux poncifs de l'art lyrique contemporain.

Il peut y avoir mieux : le metteur en scène, convaincu du bien-fondé de sa démarche, va charcuter l'œuvre, c'est-à-dire la partition. Coupures plus ou moins longues (« Cela ne fait pas avancer l'intrigue »), inversion de scènes ou d'actes entiers, voire suppression de rôles, les dernières décennies ont vu se multiplier les initiatives les plus inacceptables. Il faut alors un chef d'orchestre capable de résister (les chanteurs, eux, ont rarement leur mot à dire mais quittent parfois la production) et un directeur d'opéra qui tranche, quitte à casser le contrat et devoir chercher en urgence un plan B. Stéphane Lissner a raconté comment Peter Konwitschny avait voulu défigurer *Les Huguenots*, jusqu'à ce que, avec le maestro Michele Mariotti, ils décident… de changer de metteur en scène. Il faut, pour cela, les idées assez claires sur ce que l'œuvre peut supporter ou pas, de la force de conviction et une bonne dose de courage car, à quelques mois d'une première, trouver une nouvelle équipe artistique est une gageure.

On l'aura compris : entre le ringardisme zeffirellien et l'intellectualisme incompréhensible, la mission des directeurs d'opéra est des plus difficiles. Du reste, les partisans des uns et des autres se vouent aux gémonies et échangent sur les forums des noms d'oiseaux et des fatwas lyriques. Des pages se créent sur les réseaux sociaux comme celle très clairement baptisée « *Against modern opera production* ». Les uns vont siffler les productions qu'aiment les autres et vice versa. Les premiers savent qu'ils vont détester la production Del Monaco ou Joël ; les seconds font de même avec Warlikowski, Tcherniakov ou Castellucci. Mais ils y vont quand même, pour se faire entendre, pour montrer, au choix, que le bon goût reste défendu ou que l'ennui ne gagnera pas les maisons d'opéra.

Dans ces guerres de tranchées, le compromis est difficilement envisageable. La proposition d'un festival a cette chance de pouvoir ne pas être la même que celle d'un théâtre de répertoire. Elle sera plus éphémère, engagera moins les finances dans la durée, le «coup», médiatique et public, sera justifié. La proposition d'une maison allemande ne peut pas être comparée à un théâtre de province en Italie. Mais ce qui peut faire consensus est que l'opéra, pas plus que le cinéma, l'art plastique ou le cirque, ne peut tolérer la médiocrité, le travail inabouti, bâclé.

Pour une maison d'opéra, quels que soient son statut et son budget, le seul guide doit être de continuer à faire vivre l'art lyrique. Il n'y a, pour cela, aucune recette, aucune baguette magique. Mais du point de vue de l'approche dramaturgique, on attend d'un metteur en scène qu'il respecte l'œuvre, qu'il la connaisse, qu'il la chérisse. C'est à ce prix que le travail avec les musiciens, le chef d'orchestre en premier lieu et les chanteurs, ce qui exige du temps, permettra d'atteindre les sommets que l'art lyrique peut offrir.

Les défis de la création

Dernière menace, et pas la moindre : le repli sur un répertoire figé et qui peine à se renouveler. La date moyenne de création des dizaines de milliers de spectacles donnés chaque année donne le vertige : 1864 ! Imagine-t-on que les cinémas ne passent que des films des années 1970 ? On a beau adorer Claude Sautet, Jean-Pierre Melville ou Howard Hawks, l'économie des salles obscures ne survivrait pas. Et si les théâtres se bornaient à reprendre Hugo et Rostand ? Comme l'écrit Hervé Lacombe, « la maison d'opéra administrée comme un musée dresse une muraille temporelle ».

Il est piquant de constater que le phénomène s'est inversé au cours du xxᵉ siècle. Pendant tout le xixᵉ siècle, le « neuf » faisait davantage recette que l'ancien. Les imprésarios et les directeurs d'opéra multipliaient les créations, au rythme des saisons scandé par les fêtes du calendrier religieux. Chaque année, les nouveaux titres déferlaient, quitte à ce que les moins appréciés du public disparaissent très vite. *Ermione*, créé par Rossini en 1819, n'a ensuite plus jamais été donné du vivant du génial Pésarais. Combien, parmi les quelque soixante-dix opéras composés par Donizetti, sont-ils inscrits durablement au répertoire de maisons d'opéra ? Une dizaine tout au plus. La fin du xixᵉ siècle connaît un syndrome comparable, pour une large part du répertoire belcantiste.

La coexistence de créations et de reprises, dans une mesure relativement limitée, a fonctionné au début du xxᵉ siècle, au moins jusqu'aux années 1930. *Der Rosenkavalier* pouvait cohabiter sans difficulté avec *Rigoletto*. Petit à petit, surtout au cours des années 1950, de moins en moins de créations sont venues s'inscrire dans la liste des œuvres régulièrement reprises, ce que l'on appelle le répertoire. *La Traviata*, *La Bohème*, *Don Giovanni*, *Carmen* dominent outrageusement dans les brochures de saison.

Il est vrai qu'il y a, au moment de chaque création, une forme de pari. Si chaque compositeur n'avait donné au public que ce qu'il était habitué à entendre, Beethoven, Rossini, Verdi, Wagner et Schönberg ne seraient jamais entrés dans l'histoire de la musique. Comme l'écrit Jacques Attali, « une toute nouvelle musique est aussi un bruit. Monteverdi et Bach sont des bruits par rapport au code polyphonique. Webern en est un pour le code tonal. La Monte Young ou Philip Glass pour le code sériel. Le be-bop pour celui de la soul music. Le reggae pour le rock. Etc. »

Pourtant, depuis la seconde moitié du xxᵉ siècle, plusieurs facteurs objectifs peuvent expliquer l'absence de créations véritablement marquantes, à de rares exceptions près. D'abord, le nombre de créations mondiales (c'est-à-dire d'opéras donnés pour la première fois sur une scène) est très sensiblement inférieur à ce qu'il était au XIXe siècle. Les coûts de production, les exigences du public, la place de l'opéra dans la société l'expliquent sans doute. Là où l'opéra était le premier divertissement pour la bonne société et pour un public de plus en plus large, les sollicitations n'ont cessé de se diversifier tout au long du siècle, réduisant ainsi le temps de cerveau disponible pour le lyrique et les investissements capables de s'y engager. Du côté des compositeurs, professionnels indépendants (les compositeurs salariés ont disparu depuis fort longtemps !) qui dépendent de commandes toujours incertaines, les aides dont ils peuvent bénéficier pour écrire un opéra – tâche considérable qui occupe plusieurs années d'une vie – sont limitées. Le fonds pour la création lyrique, géré par la SACD (Société des auteurs et compositeurs dramatiques), alimenté par plusieurs contributeurs public (ministère de la Culture) et privés (Adami, c'est-à-dire la Société civile pour les droits des artistes et musiciens interprètes), plafonne entre 420 000 et 450 000 euros par an, contre plus de 700 000 il y a dix ans et aide entre 15 et 20 projets par an. D'autres lignes budgétaires existent pour l'écriture d'œuvres musicales originales mais les dotations sont limitées. Or, si l'on estime le montant moyen d'un contrat pour un compositeur d'opéra à quelques dizaines de milliers d'euros (jusqu'à 100 000 euros pour les maisons les plus riches), on voit que les budgets ne permettent pas d'aller bien loin, même si l'on ajoute le montant des contrats de production que les maisons d'opéra peuvent y consacrer.

Ensuite, si l'étape de la commande et du budget est franchie et si l'opéra arrive sur scène, force est de constater que, passé la curiosité, rares sont les titres à s'inscrire dans la durée. Pour un *Saint François d'Assise* (Messiaen, 1983) ou *Les Trois Sœurs* (Eötvös, 1998), qui sont au nombre des créations de la fin du XXe siècle à être désormais entrées au répertoire mondial, combien d'œuvres aussi vite créées qu'oubliées ?

Sur un plan musical, l'opéra est pris entre deux feux. Qu'un compositeur défende la mélodie et cherche, par elle, l'émotion, il sera taxé, par ceux qui comptent et en particulier par la presse, à supposer qu'elle en parle, de ringardise ; qu'il se borne à reproduire des schémas post-*Wozzeck*, l'ennui gagne. En France, les querelles autour de Boulez, plusieurs années après sa mort, continuent, pour une large part, à influer sur le débat public, même si les anathèmes réacs d'un Benoît Duteurtre (*Requiem pour une avant-garde*, 1995) résonnent désormais dans le vide. Un maître de la musique des XXe et XXIe siècles comme le chef finlandais Esa-Pekka Salonen, lui-même également compositeur, regrette ces divisions et souligne que beaucoup d'opéras récents, en rupture avec un genre bourgeois et conservateur, sont en fait des anti-opéras comme *Le Grand Macabre* de Ligeti qui tourne en dérision certaines traditions lyriques et même certaines héroïnes comme *Manon* ou *Madame Butterfly*. Pierre Boulez avait souligné la difficulté particulière d'obtenir du théâtre chanté, avec un orchestre et tous les problèmes d'équilibre entre les voix, le texte, le chant, l'orchestre, les chœurs : « Le public accepterait la rénovation en profondeur du théâtre musical. Le problème, c'est que c'est beaucoup plus difficile sur un plan acoustique. Nous devons réfléchir à la possibilité de quelque chose de plus souple, de plus intéressant dans la relation entre le public, les musiciens et la scène. »

Pour les compositeurs d'aujourd'hui, tout se passe comme s'ils butaient sur la difficulté à reconnaître qu'il faut se glisser dans les pas de leurs prédécesseurs, sous le regard sévère de tous les auteurs d'opéra du passé, très présents dans la vie quotidienne du monde lyrique, et que, pour reprendre l'expression du chef et compositeur Frédéric Chaslin, on ne peut pas inventer à chaque fois une autre manière de faire de la musique.

Si le dodécaphonisme, technique imaginée par Arnold Schönberg autour des douze notes de la gamme chromatique, a voulu rompre avec quelques siècles d'histoire musicale, sa postérité et sa fécondité au-delà des saints patrons de cette nouvelle chapelle sont des plus douteuses. Or, la volonté de rupture avec ce qui a précédé peut conduire la musique à une aporie. La musique « peut devenir un bruit si elle n'est plus audible, parce que trop forte ou incompréhensible » (Attali, *Bruits, essai sur l'économie politique de la musique*). Le caractère agressif et parfois difficilement supportables de certaines partitions, à mes yeux (ou plus exactement à mes oreilles) en tout cas, s'inscrit parfaitement dans cette problématique. L'oubli qui les a englouties depuis leur création ne constitue aucunement une consolation.

Ceux qui ont connu de véritables succès depuis vingt ans sont ceux qui ont trouvé le moyen de raconter des histoires à leur public comme John Adams, avec *Doctor Atomic* (2005), Kaija Saariaho avec *L'amour de loin* (2000), *Adriana Mater* (2005) ou *Innocence* (2021), John Carigliano avec *The Ghosts of Versailles* (2001), Thierry Escaich avec *Claude* (2013, sur un livret de Robert Badinter). La dernière création la plus réussie depuis longtemps, de mon point de vue (je souligne encore !), a été donnée à l'Opéra-Comique, en 2019. Avec *L'Inondation*, Francesco Filidei et le metteur en scène Joël Pommerat ont réussi à créer une ambiance musicale originale, en particulier grâce à l'utilisation des percussions et de musiques enregistrées, et une atmosphère dramaturgique puissante. C'est donc possible !

ACTE V :
« Il faut le sauver, il est temps »

Le monde de l'opéra est en crise. Une crise politique, économique, esthétique, générationnelle, sociétale. Pourtant, des énergies se manifestent avec une force formidable et des solutions existent. De leur mise en œuvre dépend la survie de cette forme d'art pluricentenaire. Une partie de la solution tient, sans aucun doute, au soutien financier que la puissance publique, qu'elle soit nationale, régionale, départementale, métropolitaine ou municipale, et les mécènes décideront de mobiliser. Ces soutiens sont indispensables et plongent leurs racines dans l'histoire de l'opéra.

Mais, pour paraphraser John Fitzgerald Kennedy, avant de se demander ce que le pays et le contribuable peuvent pour le lyrique, le monde de l'opéra doit d'abord se pencher sur ce qu'il doit changer et sur les solutions qui sont entre les mains de ses responsables. Elles sont souvent complexes, mais elles méritent d'être explorées. Après tout, les caractéristiques de l'économique « archaïque », au sens de Baumol, ne sont pas le monopole de l'opéra : les coiffeurs ou les cuisiniers étoilés ne connaissent pas de productivité croissante au rythme de la masse salariale ! Mais, dans d'autres industries, de vraies stratégies de mise en valeur des externalités positives, de pédagogie, d'information du public, et également l'innovation dans tous les domaines ont permis de regagner des marges. L'opéra peut y parvenir. De nombreuses maisons, pas toujours les plus grosses et les mieux dotées, s'y emploient, font preuve d'une inventivité remarquable et tâchent de se sauver, répondant ainsi à l'injonction du grand prêtre au troisième acte d'*Esclarmonde* de Jules Massenet: « Il est temps ! »

Ces pistes reposent, tout simplement serait-on tenté d'écrire, sur le management des théâtres et de leurs équipes, sur une relation nouvelle et enrichie avec un public qu'il faut développer encore et, avant toute chose, sur une démarche artistique, au cœur de tout projet lyrique, qui résonne auprès de la société contemporaine. Il est entendu que l'opéra nécessitera toujours, d'une manière ou d'une autre, des concours publics. Mais il est possible d'imaginer un fonctionnement ambitieux et durable, susceptible de répondre aux défis posés par l'évolution de nos sociétés, des attentes du public et de celles des pouvoirs publics.

Manager les opéras

Diriger un opéra n'a jamais été une sinécure. Les imprésarios au XIXᵉ siècle finissaient souvent ruinés, emprisonnés, en fuite ou suicidés. Plus près de nous, des directeurs de grandes maisons ont développé des maladies ou des addictions avec lesquelles le stress quotidien, trois cent soixante-cinq jours par an, ne peut pas être sans lien. Peter Ferdinand Drucker, étoile parmi les professeurs de management, l'affirme dans son ouvrage *Managing in the Next Society* (2002): « De plus en plus, être P.D.-G. ressemblera au job le plus complexe que je connaisse, qui est diriger un opéra. Vous avez les stars et vous ne pouvez pas leur donner d'ordres ; vous avez les seconds rôles et l'orchestre ; vous avez ceux qui travaillent derrière la scène ; et vous avez le public... »

Pour autant, malgré le caractère extraordinaire et complexe de ces maisons, même celles à taille humaine, les opéras ont droit à une gestion fondée sur certains principes éprouvés, davantage que sur l'artisanat et le bricolage qui prévalent encore souvent. Une autre personnalité nord-américaine, Bruce Crawford, directeur général du Met pendant trois ans dans les années 1980, l'exprimait avec beaucoup d'assurance : « Si l'on veut faire de l'opéra un art de masse, il faut le gérer comme un business. » On peut le suivre sans difficultés s'il s'agit de bâtir une stratégie, d'embarquer les équipes, de rechercher des ressources complémentaires et d'introduire de la rationalité. Pour le reste, le modèle économique, le nécessaire soutien public, direct ou indirect, la vision et la prise de risques artistiques, l'importance de la création surtout éloignent les opéras, qui ne sont pas des institutions culturelles et encore moins des entreprises comme les autres, des « business modèles » enseignés dans les écoles de commerce, largement inopérants.

Les conflits y sont fréquents ; les sorties de crise parfois acrobatiques, sous la menace d'un chantage au lever de rideau coûteux[1], le tout sous l'œil plus ou moins bienveillant de la presse et des réseaux sociaux. Le lien des opéras avec le pouvoir, qu'il soit d'État ou local, est fort depuis l'origine ; on y travaille dans des conditions très particulières, avec des rythmes originaux dont la compatibilité avec le droit du travail est toujours à interroger ; les recrutements reposent largement sur la famille et le compagnonnage, pour le meilleur et pour le pire ; les savoir-faire, souvent artisanaux, se transmettent en dehors des écoles et des cursus de formation classiques.

Ces traditions techniques et artistiques sont, pour la plupart, des atouts majeurs qu'il faut protéger car d'elles dépend l'excellence qui fait qu'un opéra ne ressemblera jamais à un spectacle de Mickey et Donald à Disneyland Paris. Elles expliquent même souvent les miracles que les équipes arrivent à accomplir, chaque jour, en relevant les défis de la

---

1. Ce syndrome malheureux est universellement connu, de la première d'*Antony and Cleopatra* de Samuel Barber au Met en 1966 à celle de *Moses und Aron* à Paris en 2015, également menacées.

construction et du bon fonctionnement du décor complexe ou en répondant aux exigences du metteur en scène, du costumier et de la diva.

Pourtant, ces particularités peuvent devenir des entraves lorsqu'elles bloquent toute évolution, toute modernisation, toute interrogation sur les méthodes. « On n'a jamais fait comme cela » est la réponse paradoxale de nombreux salariés des opéras qui, pourtant, chaque matin, innovent dans les décors et dans les costumes des productions proposées au public le soir.

Ces entraves s'incarnent souvent dans l'action syndicale au sein des théâtres lyriques, en France comme dans le reste du monde. Les représentants syndicaux des salariés du lyrique ne sont sans doute ni meilleurs ni pire que les autres. Mais deux convictions très fortes contribuent à dévoyer leur action.

La première, et la plus grave, est que, pour eux, la puissance publique, étatique ou locale, n'abandonnera jamais les théâtres lyriques; partant de cette pétition de principe, pourquoi chercher à atténuer la loi de Baumol? Pourquoi ne pas attendre que la loi de Wagner fasse à nouveau couler les subventions à millions? Pourquoi chercher à éviter le mur dont les opéras se rapprochent, à vitesse accélérée, dès lors que l'impôt – c'est certain! – permettra de remettre les compteurs à zéro? Pourquoi faire des efforts de productivité? Pourquoi faire évoluer l'organisation du travail? Pourquoi ne pas demander les augmentations salariales les plus élevées possibles sans considération avec la réalité économique du spectacle vivant et la capacité à payer des établissements employeurs? Pourquoi se démener pour aller chercher du public et parler différemment à ceux qui ne viennent pas à l'opéra puisque, souvent, la billetterie compte peu? Cette erreur de perspective est pénalisante: elle justifie aux yeux de la plupart des syndicats de ne signer que des accords d'entre-prise coûteux en évitant toute réorganisation synonyme de réduction des coûts, au bénéfice de l'absence de courage politique des directions et de leurs tutelles.

La seconde conviction s'appuie sur un constat indéniable : dans le monde de la culture, les opéras et tout particulièrement le premier opéra de France, sont une caisse de résonance médiatique formidable pour l'ensemble des combats qui, pourtant, peuvent concerner des situations qui n'ont rien à voir les unes avec les autres. « Si nous, salariés de la culture, ne nous mettons pas en grève, qui le fera ? » entend-on souvent. Après treize soirées annulées pour protester contre le projet de loi réformant le droit du travail en 2016, dit « projet de loi El Khomri », je me rappelle un délégué syndical posant la question en comité d'entreprise : « Mais au fond, cette loi nous est-elle applicable ? » La réponse, négative on s'en doute, était sans incidence sur sa conviction : si un salarié d'une entreprise de fabrication de pots en céramique dans le Lauragais était susceptible d'être touché par ce projet de loi « réactionnaire », alors, l'Opéra de Paris ne devait pas jouer. Dans ce cadre-là, le « chantage au lever de rideau » est un levier puissant, en particulier lorsque le spectacle est un des temps forts de la saison, qui a attiré la presse internationale et les mécènes. Combien de directeurs d'opéra sont-ils prêts à sacrifier « leur » spectacle de l'année, en résistant aux demandes illégitimes d'une prime, parfois très symbolique mais qui, sur plusieurs années, participe de l'inflation des coûts ? Louis-Désiré Véron, directeur de l'Opéra entre 1831 et 1835, raconte dans ses Mémoires qu'il avait prêté un soin particulier, dans les premiers jours de ses fonctions, à se « former à cette sévérité directoriale, à cette nécessité de savoir dire *non*, sans lesquelles l'administration d'un théâtre marcherait à sa ruine », leçon toujours valable ! Dans son autobiographie, Joseph Volpe donne des conseils comparables, avec d'autres mots : « Si tu démarres comme le "Monsieur sympa", ils vont te tuer » et « pour être un bon leader dans un opéra, il faut, parfois, agir "opératiquement" ». Dramatiser la situation et les enjeux, sans hésiter à hausser le ton, faire un peu de théâtre parfois, doit faire partie de la panoplie managériale.

Le droit du travail, en France en tout cas, est ainsi fait qu'un salarié peut se déclarer gréviste à tout moment, dès lors qu'il est « couvert » par un préavis de grève, et pour une durée même très courte. En théorie, le premier flûtiste peut se déclarer gréviste pour la seule durée de la scène de la folie de *Lucia* et une retenue salariale très limitée, au *prorata temporis*, viendra ponctionner sa fin de mois. Cela explique que, lorsqu'un préavis a été déposé, la certitude qu'un spectacle peut être donné le soir à 19 h 30 n'est, en réalité, acquise que très tardivement : le décor est souvent monté en début d'après-midi dans les théâtres d'alternance ; les musiciens de l'orchestre et les artistes des chœurs arrivent peu avant 19 heures ; et il suffit qu'un soliste de l'orchestre, qu'un ou deux techniciens placés à des postes clés se déclarent grévistes, le cas échéant à tour de rôle, pour que le spectacle ne puisse se dérouler, alors même que la salle est pleine. Il n'y a pas de « service minimum » dans les opéras ou d'obligation de se déclarer gréviste avec un temps d'anticipation, ce dont le public ne cesse de s'étonner en hurlant sur les réseaux sociaux. Il est entendu que le droit de grève est constitutionnellement protégé – et c'est heureux –, les conséquences du mésusage de ces règles dans les théâtres n'étant, au fond, pas de la même importance que celles que l'on peut subir dans les transports ou dans d'autres services publics comme les hôpitaux ou la sécurité de la navigation aérienne. Le résultat est que l'action syndicale dans les théâtres jouit d'armes puissantes : l'annulation d'une soirée peut coûter jusqu'à 300 000 euros à l'Opéra Bastille alors que certains conflits sociaux ne portent, sur l'instant, que sur quelques dizaines de milliers d'euros... La tentation de refuser le bras de fer en cédant est forte !

Un dialogue social de qualité, dans ces maisons aussi identitaires, où l'ancienneté moyenne est élevée, où les risques d'accident du travail, voire les risques psychosociaux, sont si présents, est pourtant indispensable. Jamais suffisant, mais toujours nécessaire. La responsabilité en incombe en premier lieu aux directions. Savoir créer une relation de confiance, démontrer, par l'exemplarité, que les coûts sont maîtrisés, expliquer par une large transparence les décisions prises, sont des préalables. Il faut aussi et surtout être clair sur le projet et la relation avec le public que l'on veut bâtir, spectacle après spectacle, donner le sens de la proposition artistique qui est au cœur de la mission. Des outils existent, dans les opéras comme dans toutes les autres entreprises : il faut ainsi travailler avec soin les « orientations stratégiques » qui, chaque année, doivent être élaborées et exposées au comité social et économique (CSE) avant adoption par le conseil d'administration. Cet exercice n'est pas que formel : quelles sont les missions de l'opéra ? De quels moyens dispose-t-on ? Quel est l'état des relations avec le public ? Quelles actions voulons-nous conduire en direction des plus jeunes, y compris sur un plan professionnel ? Innombrables sont les questions auxquelles il est légitime et même indispensable de chercher des réponses en associant les salariés.

Certaines expériences participatives permettent aussi d'embarquer les salariés derrière le projet artistique et d'entreprise. En 2014, nous avons proposé aux 1 700 salariés de l'Opéra de Paris de bâtir, ensemble, le projet de l'établissement à horizon de 2021. Plus du tiers des salariés ont pris part, sur leur temps de travail, à des ateliers sur des questions clés comme la transmission des savoir-faire, l'impact du digital, la prise en compte du développement durable ou les services nouveaux à proposer aux spectateurs... Après plusieurs mois de travail, animés par les équipes elles-mêmes et non par quelque gros cabinet de consultants, plus de mille propositions ont été formulées. Toutes n'ont pas été mises en œuvre, à l'évidence. Mais la végétalisation des toits de l'Opéra Bastille, de nouvelles procédures de recrutement permettant de prévenir toutes les formes de discrimination, de nouveaux produits offerts au public ont trouvé leur origine dans ces échanges qui ont aussi et surtout permis aux salariés de travailler ensemble, là où les verticalités, de métiers, de théâtres, entre Bastille et Garnier, étaient autant de rigidités. Certains salariés de Bastille avec quinze ans d'ancienneté n'avaient jamais rencontré de nombreux collègues de Garnier.

Ces exercices n'ont pas changé l'opéra ou réduit ses difficultés, sans doute; mais ils ont contribué à mettre en place
des méthodes plus adaptées aux défis d'aujourd'hui.

Dans les opéras, le pouvoir est très personnalisé, même si,
dans certaines organisations germaniques, deux directeurs – un
pour l'artistique, l'autre pour l'administratif – se partagent
le pouvoir, pour le meilleur et pour le pire. Pour un mandat,
parfois à durée déterminée de cinq ou six ans, parfois sans
durée préfixée, un patron incarne le théâtre. Appuyé avant tout
sur un projet artistique, en principe au moins, ce leadership
est positif car il permet à chaque salarié de comprendre et,
si possible, d'adhérer au projet. C'est un drôle de métier: il
faut être présent, du matin tôt[1] jusqu'au soir tard; s'occuper
de sujets de long terme – les saisons deux ou trois ans à
l'avance – et de très court terme – le changement de distribution
de dernière minute; comprendre les difficultés techniques du
montage d'un décor; identifier le chanteur qui sera capable de
prendre un nouveau rôle dans deux ou trois ans; convaincre
un mécène de financer la prochaine production; négocier avec
la tutelle, qu'elle soit d'État ou locale…

Malgré les constantes que les Gatti-Casazza, Bing, Volpe
entre autres, ont décrites dans leurs mémoires, la manière de
diriger les opéras ne peut être la même qu'au siècle dernier et,
tout en comprenant et valorisant certaines traditions liées au
monde du théâtre, c'est en manageant de manière moderne
que les difficultés pourront être atténuées, sinon surmontées.

Et si cela ne suffit pas? Si une situation de blocage perdure,
rendant toute modification de l'organisation du travail impossible? Alors, il ne faut pas exclure le bras de fer et la rupture.
L'Opéra de Rome, Covent Garden, sans même parler du
Metropolitan Opera, qui connaissent également des syndicats
forts, ont su, avec le soutien politique nécessaire, changer
les accords d'entreprise et modifier les contrats de travail.

---

1. Le premier réflexe du matin? Analyser les résultats de la billetterie
de la veille.

Toujours coûteux à court terme, compte tenu des pertes de recettes causées par les grèves, les blocages peuvent se révéler payants à moyen terme. Le courage, la prise de risque et, parfois, le sacrifice déchirant d'un spectacle préparé de longue date, peuvent être le prix à payer. Décidément, diriger un opéra n'est pas un métier comme un autre.

Réduire les coûts ?

Si la loi des coûts croissants est considérée comme valide un demi-siècle après qu'elle a été dégagée, c'est sans doute que de loi, elle est devenue malédiction. La progression des coûts fixes de 2 ou 2,5 % par an n'est en soi pas choquante, dès lors que, sur l'ensemble du marché du travail, des ordres de grandeur comparables sont également constatés. La difficulté réside dans l'impossibilité des gains de productivité et dans l'absence d'augmentation à due concurrence des subventions et des recettes, notamment de la billetterie... Casse-tête chinois pour les cabinets de consultants plus habitués aux rayons des grandes surfaces qu'à l'irrationalité des coulisses lyriques. Si, pour l'essentiel, les financements publics ont pu compenser, notamment en période d'inflation, cette période est révolue et lorsque augmentation il y a, elle est cantonnée à un niveau modeste. Par ailleurs, la hausse des prix des billets pose question au regard de la concurrence et de l'élasticité-prix forte susceptible d'éloigner le public. La maîtrise des coûts, voire leur réduction, sont des options qui ne peuvent être écartées d'un revers de main. Des pistes existent.

La folie des grandeurs
ou le syndrome de la table rase directoriale

Pendant des décennies, le monde du lyrique a bien vécu, ce qui a même pu constituer un élément de différenciation majeur par rapport aux cousins du théâtre. Les grands directeurs d'opéra, de Rudolf Bing à Joseph Volpe au Met, Ioan Holender à Vienne, en passant par Antonio Ghiringhelli et Carlo Fontana à la Scala ou encore Hugues Gall à Paris, si leur vie n'était pas de tout repos compte tenu de la difficulté de leur mission, disposaient de moyens permettant d'inviter les plus grands artistes et de financer des créations ou des investissements lourds. En France, même dans les théâtres de région, Strasbourg, Marseille ou Toulouse pouvaient rivaliser avec les grands opéras d'Europe.

À cet âge d'or budgétaire a succédé, depuis quelques années, le temps des vaches maigres, et durablement maigres, ce qui implique, pour les dirigeants de ces entreprises pas comme les autres, des efforts d'inventivité et de gestion, notamment en ce qui concerne la programmation artistique.

Le pouvoir programmatique est, dans tout théâtre, très personnalisé. On évoque « l'époque Brossmann », « le mandat Gall » ou « la direction Lissner ». Chaque directeur apporte son esthétique, son réseau d'artistes, et notamment de metteurs en scène, de chefs et de chanteurs favoris. À cette personnalisation correspondent souvent des mécanismes d'alternance dignes des élections politiques nationales, avec ce que cela implique de gabegie. Le principe est clair : le prédécesseur est nul et le successeur sera un intrigant. Le premier volet entraîne le déclassement fréquent (c'est-à-dire la désaffectation de la mission de service public attachée au théâtre) et la destruction des productions créées au cours du mandat précédent, évidemment mauvaises, au profit de nouvelles productions, évidemment bien supérieures. Le phénomène est bien connu à l'Opéra de Paris : quatre *Flûte enchantée* différentes en quinze ans ; un nouvel *Idoménée* en 2006, quatre ans après une création précédente jamais reprise, pour une quatrième version différente en vingt ans, etc. Dans le même ordre d'idées, de très nombrables productions n'ont jamais été reprises ou ont été déclassées après une seule nouvelle série de représentations et les créations mondiales, issues de commandes trop rarement partagées avec d'autres théâtres, sont des victimes toutes désignées. Le déclassement permet, en droit, de détacher les éléments matériels de la mission de service public. Il autorise, sans l'impliquer nécessairement, la destruction des décors dont le stockage coûte cher. Quant aux costumes et aux accessoires, ils sont en général conservés en vue de spectacles futurs. Mais, dans tous les cas, il s'agit d'investissements publics qui peuvent coûter plusieurs centaines de milliers d'euros. *A minima*, il faut que le conseil d'administration d'un opéra puisse exercer un contrôle plus précis sur ces déclassements qui ne peuvent dépendre de la décision du seul directeur au vu, notamment, du nombre de spectacles joués, des taux de remplissage et d'éventuelles perspectives de vente à d'autres maisons lyriques.

Parfois, il est vrai, cette élimination rapide, à défaut d'être compréhensible du point de vue de la gestion des deniers publics, se justifie artistiquement. Lorsque des titres du répertoire aussi importants que *Faust*, *Manon* ou *Carmen*, que l'on va reprendre souvent, reçoivent, dès leur création, un accueil catastrophique du public et de la critique[1], lorsque certains artistes incontournables refusent de chanter dans telle ou telle mise en scène jugée ratée[2], il vaut sans doute mieux tirer un trait et repartir à zéro. Mais, ce cas de figure très défavorable mis à part, la tension sur les finances publiques fait peser des contraintes de plus en plus fortes incompatibles avec le syndrome de la table rase directoriale.

Ce qui est certain, c'est qu'entre le conservatisme du Met, de la Scala de Milan ou de la Staatsoper de Vienne, où les productions de Zeffirelli toujours à l'affiche ont plusieurs décennies[3] et la rotation accélérée et excessive des spectacles, un juste milieu peut être l'option gagnante en considérant qu'une nouvelle production est un investissement et qu'il

---

1. Pur cas d'école totalement hypothétique, cela va de soi…
2. Même remarque…
3. Au Met, la soirée *Cavalleria rusticana*/*I Pagliacci* a été créée en 1970 – une très belle année –, *La Bohème* aurait dû célébrer son quarantième anniversaire en 2021.

s'amortit sur quelques années, c'est-à-dire sur quelques séries de reprises.

Mutualiser, coproduire

Un moyen efficace pour réduire les coûts sans renoncer à l'ambition artistique consiste à mutualiser le plus possible les dépenses de production. Coproductions, productions associées, locations ou acquisitions de productions créées dans d'autres théâtres, mise en commun d'ateliers de construction et de confection, création de structures auxquelles la production est déléguée... les solutions juridiques sont nombreuses et, dans tous les cas, elles permettent de réduire nettement les coûts.

Il ne s'agit pas d'une solution miracle car toutes les difficultés ne disparaissent pas par magie. Ici, la cage de scène sera beaucoup trop petite pour accueillir une production créée dans un plus grand théâtre ; là, les décors nécessiteront des adaptations complexes et coûteuses ; les règles de sécurité applicables dans tel pays rendront l'importation du spectacle international difficile ; l'ego de tel directeur est incompatible avec la susceptibilité de tel autre... Comme toujours à l'opéra, le résultat final repose sur la chance et, parfois, sur des quasi-miracles. Mais une bonne coopération entre théâtres, qui repose en large part sur les contacts personnels entre les équipes, permet des résultats directs.

Les expériences se multiplient en ce sens. Une association, La co[opéra]tive, regroupe depuis 2014 des scènes nationales et des opéras comme Compiègne et Rennes, pour produire des spectacles lyriques aussi ambitieux que *Les Noces de Figaro* ou *La Dame blanche*. Tout le monde y gagne : les coûts de production, d'environ 400 000 euros, sont partagés et, pour les artistes, c'est la garantie de pouvoir jouer pendant une longue série d'une vingtaine de dates. Plus au sud, la région Provence-Alpes-Côte-d'Azur est même devenue, par sa régie régionale Arsud, coproductrice d'une *Dame de pique* de

Tchaïkovski confiée à Olivier Py et destinée à tourner entre Nice, Avignon et Marseille.

Plus ambitieuse encore est la démarche qui consiste à rapprocher des théâtres, de manière structurelle. La France aurait-elle trop d'opéras ? Avec une trentaine de théâtres proposant des spectacles lyriques mais une quinzaine avec une programmation fournie, la France compte un opéra pour quelque 2 millions d'habitants quand le ratio est plutôt à 1,5 en Autriche, 2,3 en Allemagne et 2,5 en Italie. Cela ne signifie pas que des possibilités de coopération n'existent pas et le monde de l'opéra pourrait dans ce domaine s'inspirer du plan Landowski, du nom du directeur de la musique au ministère de la Culture qui, dans les années 1970, a contribué à façonner le paysage orchestral français en encourageant les regroupements.

Dans le domaine lyrique, certains ont montré la voie, dans l'est de la France. Dès 1972, l'Opéra du Rhin a regroupé les ensembles qui existaient à Strasbourg, Colmar et Mulhouse. Avec deux orchestres partenaires (le Philharmonique de Strasbourg et celui de Mulhouse) auxquels sont confiées alternativement les productions lyriques, le syndicat inter-communal propose, dans les trois villes, une saison lyrique avec une cinquantaine de levers de rideau. Cette expérience reste malheureusement isolée. Dans le sud de la France, de Montpellier à Nice, en quelque 300 kilomètres, pas moins de cinq opéras proposent des saisons lyriques sans que des collabo-rations véritablement poussées n'aient pu se mettre en place. La mutualisation des ateliers, des productions communes – c'est-à-dire des titres qui tournent dans les différents théâtres –, voire une mutualisation des chœurs et des orchestres avec un rayonnement au moins régional, permettraient de hausser le nombre de spectacles proposés, de faire davantage travailler les équipes et de viser une amélioration sensible de la qualité artistique des formations permanentes. Les difficultés politiques liées au soutien souvent exclusif des collectivités territoriales à « leur » opéra et à « leur » orchestre expliquent largement que ces pistes n'aient pas été sérieusement explorées. Il y a fort à parier que nécessité fera loi, un jour prochain.

Certains opéras, qui ne disposent pas d'équipes artistiques, bénéficient du concours d'ensembles qui, depuis une trentaine d'années, jouent un rôle de plus en plus important dans la vie musicale du pays, en particulier dans le répertoire baroque et préromantique. Composés de musiciens non permanents, ils s'engagent auprès d'un théâtre, sur une production donnée, pour un temps limité. Bien sûr, cette externalisation qui ne dit pas son nom n'est pas très populaire auprès de ceux qui défendent le principe de « masses artistiques » permanentes et qui critiquent une forme d'« ubérisation » de l'art lyrique. Pour le théâtre, les coûts fixes sont réduits et, sur un plan artistique, les résultats peuvent être formidables, certains ensembles s'étant spécialisés dans tel ou tel répertoire. Les ensembles constituent donc, pour une partie de la vie lyrique du pays, une solution majeure qui doit être encouragée et renforcée car elle est complémentaire des structures permanentes.

L'opéra low cost ?

En 2015, alors que je négociais le budget pour l'Opéra de Paris, le représentant du ministre des Comptes publics arrive à la réunion avec une large mine réjouie : « J'ai trouvé la solution pour le budget de l'an prochain. Pourquoi ne pas essayer l'opéra *low cost*, avec moins de musiciens, moins de chanteurs, moins de décors ? Cela pourrait marcher ! » De fait, les économistes du spectacle indiquent que, pour résoudre l'équation impossible de Baumol, les producteurs de shows à Broadway ont fait le choix de réduire le déficit artistique... en baissant la voilure : les distributions ont été diminuées, avec une moyenne de 15,8 comédiens par spectacle dans les années 1950 passée à 8,1 à la fin des années 1970. Si les prix des billets ne baissent pas, le tour est joué. S'il paraît difficile de supprimer des rôles dans un livret lyrique, en revanche,

on devait pouvoir jouer, dans l'esprit du technocrate budgétaire, sur l'effectif de l'orchestre, sur le volume des chœurs
et la qualité des costumes…

Opéra et *low cost* sont pourtant des mots incompatibles.
L'opéra a besoin, lorsque le compositeur et le librettiste l'ont
imaginé ainsi, d'un orchestre important, d'un chœur nourri
et d'une scénographie qui peut aller jusqu'au grand spectacle.
Le *low cost*, appliqué à une maison internationale, tuerait
l'opéra. Le public ne s'y laisserait pas prendre à deux fois ;
les mécènes fuiraient ; les meilleurs chanteurs s'en désin-
téresseraient et la logique d'attrition accélérerait la fin de
l'opéra. Il peut, certes, dans des formats réduits, y avoir de
beaux moments de chants, de l'émotion même, mais l'ADN
de l'opéra serait dénaturé.

Pourtant, ici et là, et depuis de nombreuses années,
émergent quelques expériences dont quelques leçons peuvent
être tirées.

L'expérience de l'Amato Opera à New York mérite qu'on
s'y arrête un instant. Tony Amato était un immigré italien
installé aux États-Unis en 1927, passionné d'opéra depuis son
plus jeune âge et ténor de bon niveau puisqu'il a même assuré
des seconds rôles sur certaines scènes américaines. Sans doute
en partie à cause d'une carrière qui ne décollait pas et surtout
animé par la volonté de partager sa passion en organisant des
spectacles, Amato a créé, en 1948, à New York, un théâtre
miniature accessible pour le public à des prix réduits, voire
gratuitement pendant plusieurs années. Les décors étaient
des toiles peintes, l'orchestre, avec un piano, était réduit au
minimum et de jeunes chanteurs se produisaient pour des
cachets modestes. Jusqu'à sa fermeture en 2009, plusieurs
artistes de renommée internationale sont passés par l'« Amato
Opera Theatre », petite salle de 300 places dans Bleecker
Street, comme Tatiana Troyanos, Mignon Dunn ou Neil
Schicoff. Les titres proposés relevaient principalement du
grand répertoire, mais plusieurs opéras, comme *Un giorno
di regno* de Verdi, y ont été donnés pour la première fois sur

le continent américain. Le modèle économique était fragile et reposait sur les moyens personnels de Tony Amato et, surtout, sur du quasi-bénévolat des jeunes artistes, difficilement imaginable aujourd'hui. Outre ces spectacles qui ont recueilli des avis sympathiques de la presse, jusqu'au *New York Times*, l'Amato Opera proposait régulièrement pour les écoles de New York des versions réduites en 90 minutes des opéras du répertoire, accompagnées de narrations éclairantes (*Opera-in-Brief*). Avec l'Amato Opera, le spectateur et les équipes artistiques et techniques étaient certes très loin du Met ou même du New York City Opera. Pourtant, ces quelques passionnés ont rendu possible la découverte de la voix et de certaines œuvres pour de nombreux spectateurs estimant que le Met et ses prix n'étaient « pas pour eux » ; ils ont mis le pied à l'étrier à des artistes, confirmant qu'il y a une voie particulière pour le lyrique à côté des grandes scènes.

Un peu partout dans le monde, et notamment aux États-Unis, des institutions de taille modeste, avec des budgets annuels compris entre 1 et 3 M\$, cherchent aujourd'hui encore à réinventer l'opéra. Only Opera Parallele, Opera Naples, Beth Morrison Projects, Opera San Antonio s'efforcent de maintenir des programmations artistiques avec des budgets réduits. Marc Scorca, président de l'Association canadienne des opéras, l'explique clairement : « Les universités et les programmes des conservatoires dédiés aux opéras et les programmes pour les jeunes artistes se sont développés énormément, pendant que les infrastructures établies ont sombré depuis 2008, réduisant les productions et les représentations. La barrière à l'entrée s'est réduite. En 1995, si vous vouliez lancer une compagnie d'opéra, vous deviez avoir de l'argent pour les brochures marketing et les appels au mécénat. Aujourd'hui, vous pouvez tout faire sur les médias sociaux, les sites Internet, les courriels et les démarches participatives. »

En Italie, l'association AsLiCo (*Associazione lirica e concertistica*), fondée en 1949, a pour objet non seulement de promouvoir de jeunes artistes lyriques sélectionnés sur concours (Mirella Freni, Piero Cappuccilli, Luigi Alva, entre autres, ont bénéficié de ses programmes), mais propose également des productions d'opéra, pour l'essentiel au théâtre de Côme, et, chaque saison, un « Pocket Opera ».

En France, les initiatives pour proposer des opéras en version réduite existent, ici et là, surtout dans le cadre de programmes d'éducation artistique. Chaque théâtre a dans son cahier des charges la mission de s'ouvrir à de nouveaux publics, y compris par des démarches pluridisciplinaires pertinentes. Mais il ne s'agit souvent pas d'opéra du répertoire à proprement parler, et notamment pas d'opéras en version réduite et simplifiée qui pourraient jouer un rôle majeur dans la construction d'une nouvelle relation avec le public. Des compagnies lyriques comme Opéra éclaté, Opéra nomade, Opéra fuoco, Arcal s'efforcent ainsi de diffuser les titres plus ou moins connus du répertoire auprès de public peu habitué à fréquenter les maisons d'opéra. Dans une démarche de construction d'un lien avec le public qui n'en franchit pas les portes, ces représentations sont extrêmement utiles. Cinq ou six chanteurs et un pianiste peuvent, avec des versions simplifiées, propager l'émotion de la musique *live*, de la voix chantée et du spectacle vivant, partout en France et notamment dans les zones rurales.

Imaginer de nouvelles recettes

Si la baisse des coûts est une piste évidente, mais limitée, l'augmentation des recettes doit, à son tour, être explorée. Jouer plus pourrait être une première réponse. Las : les cachets, indexés sur le nombre de spectacles, pèsent sur les finances et, dans la quasi-totalité des théâtres, un lever de rideau supplémentaire, non seulement ne rapporte pas davantage, mais creuse encore le déficit, du fait de l'absence de coût marginal décroissant.

À la fin du XVIIIe siècle, le duc de Choiseul, propriétaire du terrain sur lequel le théâtre de l'Opéra-Comique allait être construit, avait déjà pensé à associer l'institution lyrique avec une galerie marchande. L'objectif ? Asseoir la production théâtrale et musicale, fort coûteuse, sur une ressource durable et constante… Il s'agissait aussi de proposer aux spectateurs une activité de loisir complémentaire du spectacle. À Milan, ce sont les jeux qui devaient financer la production lyrique, un casino étant installé dans les murs mêmes de la Scala. Un peu partout, et depuis fort longtemps, des bals masqués sont organisés jusque sur le plateau des théâtres, avec une recette maximale pour des « coûts de production » limités.

Enrichissement de l'expérience spectateur, alliance de recettes commerciales et de la production lyrique, les recettes restent valables, même si la montée en puissance du financement public a rendu ce besoin moins vif pendant des décennies, ce que l'architecture des théâtres démontre assez : Charles Garnier en 1860 avait imaginé un palais pour la musique et pour la bourgeoisie montante, avec déambulatoires, bars et même un restaurant qui devait s'installer dans la rotonde du glacier. Son « Nouvel Opéra », paru en 1878, expose sa conception et raconte le chantier ; il montre une préoccupation sincère pour les difficultés du directeur-entrepreneur qui doit, d'une manière ou d'une autre, rentrer dans ses sous, logique qu'Olivier Halanzier, premier directeur de l'Opéra (de 1871 à 1879) à s'installer dans le nouveau Palais, explorera au maximum.

Un siècle plus tard, lorsque l'État, qui subventionne généreusement le lyrique, décide de construire un opéra à la Bastille, ces préoccupations bien matérielles ont disparu. Et cela se voit : pas de restaurant, des bars peu confortables, pas d'espace boutique… Trente ans plus tard, il faut faire avec… et souvent ne pas faire. Des études pour installer un restaurant sur le toit de l'Opéra Bastille ont été menées car les perspectives de recettes complémentaires étaient prometteuses. Mais l'inadaptation totale de la structure du bâtiment rendait nécessaires des investissements considérables incompatibles avec une exploitation économiquement rentable. Il reste que, au début du XXIe siècle, il est l'heure de réinventer le modèle pour trouver de nouvelles recettes.

Enrichir « l'expérience spectateur »

L'urgence n'est pas exclusivement financière. Que peut-on dire, aujourd'hui, de l'expérience vécue par le spectateur d'opéra, jeune ou vieux, riche ou moins aisé, connaisseur ou néophyte ? Qu'elle est, en substance, la même qu'il y a quarante ans. Le billet est, il est vrai, acheté massivement en ligne là où jadis, il était pris au guichet ou commandé par téléphone[1]. Mais pour le reste, une fois gagné le théâtre et passé le contrôle, les choses n'ont pas beaucoup évolué. On s'assoit, on applaudit, on boit un verre de champagne à l'entracte pour les plus fortunés, on repart. Cette « expérience » est intégralement fondée sur le spectacle lui-même. S'il est bon et si on aime, tout va bien. Si on cherche quelque chose qui sort de l'ordinaire, on passe son chemin et on ne revient pas.

La difficulté est que le spectacle lyrique est aujourd'hui dans une situation concurrentielle et le temps d'attention disponible est de plus en plus réduit. Pour le conserver, voire en gagner dans le public, il faut que la proposition soit riche et qu'elle pousse à revenir. Les temps étant ce qu'ils sont, avec une offre à peu près comparable en tous points à ce qu'elle était il y a quelques décennies, ce n'est pas gagné.

Le monde de la culture peut, sur ce plan, s'inspirer du sport et du divertissement. Franchir les portes d'un stade pour assister à un match de football est à ce titre édifiant. Au stade de l'achat, le spectateur se voit proposer la vision en 3D qu'il aura depuis son siège ; le jour du spectacle, un

---

1. Tous ceux qui ont usé et abusé de la touche « bis » les jours d'ouverture des réservations, jusqu'à se faire des ampoules à l'index, se rappelleront sans regret cette époque préhistorique !

courriel lui rappelle le rendez-vous du soir et lui donne la composition des équipes ainsi qu'une analyse des enjeux de la partie; le spectateur peut réserver sa place de parking ou son taxi, sa collation à la mi-temps; les loges ou les espaces de restauration ont, dans la plupart des stades, été profondément rénovés, de manière que les spectateurs puissent y rester après le match; ils sont même loués les autres jours pour des séminaires d'entreprise ou des fêtes d'anniversaire; après le match, un nouveau courriel propose les prochains rendez-vous, le cas échéant avec une réduction... Le monde du sport a de l'avance par rapport au monde de la culture resté sur son Aventin.

L'idée n'est certes pas de transformer le spectacle lyrique en show hédoniste *alla* Disney. L'objectif est d'enrichir la proposition faite au spectateur, sur deux plans non contradictoires au-delà des apparences: la personnalisation et le collectif. La première logique est explorée et valorisée par le monde de la pop depuis quelques années: *direct to fan*. Les bases de données (1,5 million de noms au Met, environ 1 million à l'Opéra de Paris) sont un actif que de nouvelles techniques en perpétuel renouvellement permettent de valoriser. Nombreux sont ceux qui, après avoir aimé le spectacle, relèvent que la soirée aurait pu être véritablement exceptionnelle si on leur avait donné davantage, s'il leur avait été possible de rester boire un verre dans les locaux souvent somptueux après le spectacle alors que les ouvreurs semblent n'avoir pour mission que de chasser le public attardé; si une rencontre avec les artistes, même seulement virtuelle, avait été possible; si la réservation de taxis avait été offerte avec le billet, bref, si la satisfaction du public avait été au centre de la démarche. La rénovation du Royal Opera House de Covent Garden dans les années 1990 est exemplaire à cet égard: une nouvelle façade sur Bow Street, un restaurant, des boutiques et des bars accueillent toute la journée le touriste et le passant qui, à coup sûr, se sentent encouragés à devenir des spectateurs du ballet royal ou de l'opéra.

Le caractère collectif de l'expérience est également un axe majeur sur lequel des progrès sont possibles. Tout au long du xxᵉ siècle, le spectateur est devenu un individu, dont le plaisir solitaire s'accompagne d'une forme d'ascétisme et d'une retenue sévère qui conduisent à mal regarder l'enthousiaste qui crie son amour à la diva et qui réclame un bis en hurlant. Le rapport avec le concert rock est édifiant : « Au Palais Garnier, le moindre frôlement est ressenti comme une agression ; au Zénith, le contact physique est la norme » (L. Esparza). Il faut aujourd'hui retrouver l'esprit des origines, celui du « grand partage de la croyance » (Antoine Hennion), sans aller sans doute jusqu'aux théâtres bruyants et distraits des débuts où une partie du public sortait pendant les *arie da sorbetto*[1]. Multiplier des espaces de rencontres dans le théâtre, avant et après le spectacle, pour des échanges, des débats, des confrontations même, avec ou sans les artistes, permettrait de retrouver un esprit collectif qui fait tout le sel du spectacle vivant, notamment en comparaison des expériences de *streaming* ou d'écoute de musique en solitaire.

La révolution digitale, à l'opéra aussi

Dans l'économie du sport et tout particulièrement du football, un chiffre retient l'attention : les clubs retirent de la billetterie moins de 30 % de leur chiffre d'affaires et l'essentiel de leurs recettes provient des droits télévisuels. Une évolution du même type pourrait-elle sauver le modèle économique de l'opéra ?

La montée en puissance des outils digitaux offre de réelles possibilités, par l'envoi automatisé d'informations, de vidéos,

---

1. Littéralement, ces « airs de sorbet », confiés à des seconds rôles, permettaient au public de sortir quelques minutes de la salle, par exemple pour aller se restaurer. Dans les opéras seria du xviiiᵉ siècle, il était exclu de prévoir un air pour un des solistes principaux dès le début du spectacle, afin de laisser le temps aux retardataires de prendre place

de données personnalisées et, bien sûr, par les retransmissions de spectacles, *live* ou en différé, dans les cinémas, à la télévision ou, plus récemment, sur Internet.

Dans ce domaine, le Metropolitan Opera, déjà pionnier avec les retransmissions à la radio financées par Texaco depuis 1931, a dix ans d'avance sur la concurrence. Dès 2006, il a commencé à diffuser ses matinées du samedi dans les cinémas du monde entier[1], en signant avec les exploitants de salles des contrats d'exclusivité léonins que les autres opéras du monde ont aujourd'hui les pires difficultés à contourner. Au prix d'investissements importants (caméras dans le Lincoln Center, câblage, régies…), le Met a réussi à attirer plus de 2,5 millions de spectateurs chaque saison, dans 2 000 cinémas, pour des bénéfices annuels de l'ordre de 20 M$. Covent Garden attire, lui, environ 750 000 spectateurs et l'Opéra de Paris sensiblement moins, autour de 150 000, opéras et ballets confondus. L'enjeu politique et symbolique est fort : le contribuable français qui ne met jamais les pieds à Paris a, lui aussi, la possibilité de voir les productions de la première scène du pays, sans débourser des sommes folles et payer billet de train, nuit d'hôtel et restaurant[2].

Le point de savoir si ces opérations participent réellement d'une forme de démocratisation ou si elles n'attirent qu'un public déjà acquis à la cause mais qui hésite à voyager jusqu'à Manhattan, Londres, ou Paris, n'a pas été clarifié par des études sérieuses et paraît à vrai dire douteux. Il ne fait en revanche aucun doute que ces retransmissions étanchent la soif de spectateurs qui ne peuvent pour la plupart pas voir « en vrai » les plus grandes stars mondiales. Et lorsque le spectacle est diffusé en direct, l'excitation du *live* a quelque chose de comparable avec celle que l'on ressent en entrant dans le théâtre.

---

1. La matinée new-yorkaise est la soirée européenne.
2. Evidemment, la diffusion systématique de soirées lyriques en *prime time* à la télévision répondrait en partie à ce besoin. Une telle idée loufoque relève malheureusement du fantasme

En revanche, la médaille a un revers : les captations sont assez largement prévisibles et systématiques (les emplacements des caméras sont souvent fixes) et depuis que la fréquentation des salles de cinéma a considérablement progressé, celle du Met lui-même s'est effondrée, avant la Covid-19. Alors que dans les années 1990 et 2000, il était difficile d'acquérir un billet, en particulier en dernière minute, l'inverse est devenu la règle, y compris quand Anna Netrebko est à l'affiche. Or, pour un théâtre de ce type, les recettes de billetterie pèsent d'un poids que les captations au cinéma ne pourront jamais égaler.

S'agissant de l'Internet, force est de constater que les maisons d'opéra ont toutes des stratégies différentes. Le Met offre, pour un abonnement de 15 $ par mois, l'accès en vidéo à la demande à un impressionnant catalogue. L'Opéra d'État de Bavière privilégie la diffusion unique, gratuite et en direct de quelques spectacles de la saison. La Monnaie de Bruxelles offre une diffusion gratuite disponible quelques semaines, après la dernière représentation de la série. Le Teatro Real à Madrid propose une offre payante… mais géographiquement limitée à l'Espagne. L'Opéra d'État de Vienne donne accès à une captation contre une vingtaine d'euros. Et l'Opéra de Paris tâche de rattraper le retard avec, depuis 2020, « L'Opéra chez soi » qui propose des retransmissions *live* à 11,90 euros et des locations du répertoire à 7,90 euros. Le point commun : aucun de ces théâtres ne gagne d'argent avec ces outils nouveaux qui n'ont pas encore trouvé leur public. Sans doute faudra-t-il attendre le Netflix de l'opéra ? Des plateformes Internet mettent en ligne, contre abonnement, des captations et des reportages intéressants mais qui pèchent encore par l'insuffisance de « l'expérience » proposée.

Or, le digital, captations de spectacle comprises, est sans aucun doute un formidable outil pour enrichir une relation avec le spectateur : présentation de l'œuvre, dialogue avec les artistes avant ou après le spectacle, possibilité d'échanges avec d'autres spectateurs, réalité augmentée demain, réalisations originales permettant plusieurs points de vue… le champ du possible est infini et il faut l'explorer, ce à quoi de nombreux acteurs économiques songent, du reste.

De nombreux facteurs sont favorables à cette exploration : l'équipement des ménages progresse en télévisions connectées, en grands écrans, en vidéoprojecteurs et en fibre ; la popularité des voyages pour aller voir un spectacle à l'autre bout de l'Europe est menacée ; la population, y compris très connectée, vieillit et « consommera » de plus en plus de culture en ligne.

La crise de la Covid-19 a débouché sur des initiatives qui donnent, déjà, une nouvelle dimension à l'opéra sur Internet. À la gratuité ont commencé à succéder des modèles payants. Pourtant, un point de vigilance s'impose : tout cela coûte cher et, pour les théâtres de taille moyenne, avec des budgets informatiques contraints, la marche est souvent beaucoup trop haute. Il ne fait en revanche aucun doute que les opéras doivent être en veille quant à toutes les innovations que le digital apporte au monde du spectacle. Il y a là des gisements d'expérience et, sans doute, de ressources très importants. Il reste encore que, malgré les innovations et propositions les plus originales, rien, absolument rien, ne pourra remplacer l'expérience d'un spectacle vécu depuis la salle, avec quelques centaines, voire quelques milliers de coreligionnaires.

La valorisation de la magie des théâtres

La mise en valeur des théâtres est un sujet en soi. Les opéras, tous les opéras, sont des endroits merveilleux qui fascinent, à tout âge. Le plateau, avec son côté magique et sacré à la fois, les cintres, les dessous, les loges, sont des espaces de travail et de création ; ils sont aussi des lieux que le public aime découvrir en dehors des spectacles. Si *Le Fantôme de l'opéra* a contribué à la mythification du Palais Garnier, c'est bien car Gaston Leroux emmène le lecteur dans ces espaces magiques que sont les dessous, espaces de cinq niveaux sous le plateau, les coulisses, ateliers de la fiction, envers du décor et manifestation d'un interdit.

L'Opéra du Rhin propose des dîners sur le plateau, ce que le Palais Garnier a commencé à faire pour quelques mécènes triés sur le volet ; l'Opéra de Lyon a ouvert un bar au dernier étage, avec une vue plongeante sur les cariatides de sa façade et l'hôtel de ville voisin. Il y a, là encore, des gisements de ressources. L'imagination n'a guère de limites et seule la sécurité paraît devoir poser des barrières infranchissables. Airbnb propose de passer une nuit au Louvre sous la pyramide ? L'établissement public a été sévèrement critiqué par les bien-pensants qui préféreraient que les subventions tombent comme au bon vieux temps. Si faire de même dans une loge d'un théâtre permet à celui-ci de boucler son budget de production ou de bâtir une offre pour les publics les plus jeunes, on voit mal où serait le problème.

Certains théâtres sont, par nature, favorisés dans ce combat, un peu comme Pavarotti avec ses cordes vocales. Le Théâtre royal de Versailles, filiale de l'établissement public qui gère le château et le parc, réussit par exemple à financer son activité par la billetterie des grandes eaux musicales très prisées des touristes. L'exemple doit faire réfléchir : à Orange, les Chorégies ont des difficultés à équilibrer leur modèle économique, pendant que le théâtre antique, haut lieu du tourisme provençal, est confié à un opérateur privé indépendant du plus vieux festival lyrique français… un peu comme si les 750 000 visiteurs du Palais Garnier et les 5 millions de recettes ne contribuaient pas au fonctionnement de l'Opéra de Paris.

Les règles de la commande publique et les contraintes qui pèsent souvent sur les opérateurs – notamment en termes d'emploi –, qu'ils soient régie, établissement public local ou national, sont souvent des entraves qui manifestent une forme d'injonction contradictoire. « Développez-vous, accroissez vos ressources propres » est le mantra des tutelles. En revanche, dès qu'un plan d'investissement – qui exige le recours à la concession privée, l'embauche d'équipes supplémentaires, voire de l'endettement – est présenté, la frilosité est de mise. Au niveau local, les responsables des théâtres peuvent même être désincités à développer leurs projets, par exemple lorsque les dépenses d'investissements pèsent sur leur budget tandis que les recettes vont au Trésor public de la régie municipale. Les opéras sont ainsi souvent des petites entreprises avec des business plans ambitieux et les contraintes d'une sous-préfecture de département rural... Les patrons des maisons d'opéra devraient, de plus en plus, disposer des manettes permettant d'essayer vraiment de résoudre les équations difficiles qui se présentent à eux.

Des opéras socialement responsables

Pour que les opéras restent connectés à nos sociétés, pour que le soutien à l'opéra fasse toujours partie du paysage mental des habitants de cette planète... et des responsables politiques qui décident des budgets alloués à la culture, il est impératif que les théâtres manifestent leur appartenance au monde d'aujourd'hui. Il ne s'agit pas d'un problème marketing, de communication ou d'image. Il s'agit bel et bien d'une question existentielle.

Pour des opéras durables

Le bilan carbone du monde lyrique n'a jamais été calculé. Il serait calamiteux. Les artistes lyriques, comme les metteurs en scène et les chefs d'orchestre, passent leur temps dans les avions, au point que Plácido Domingo intitule un des chapitres de son autobiographie « Entre l'opéra et l'aéroport » (*Mes quarante premières années*, Flammarion) et que circulent d'innombrables anecdotes sur ses habitudes dans les avions supersoniques Concorde d'Air France ou British Airways. Les maisons d'opéra, de leur côté, sont consommatrices d'énergie à un point que le public des spectacles ne peut imaginer, du fait de l'importance de la machinerie, de l'éclairage, des espaces publics. Ainsi, la consommation électrique de l'Opéra national de Paris, avec ses deux théâtres et son école de danse, est équivalente à celle d'une ville de 8 000 habitants.

Plusieurs initiatives existent pourtant. L'utilisation d'énergies renouvelables est désormais largement répandue et les contrats de fourniture d'électricité permettent de privilégier l'énergie « verte ». Si les accessoires et les costumes sont toujours conservés, il n'en va pas de même des décors. L'écoconception et la réutilisation des décors permettent toutefois de donner une « seconde vie » à certains éléments, auprès de lieux publics, de centres de formation, voire dans certains cas auprès d'autres opérateurs du monde du spectacle. Ce n'est pas toujours simple, notamment du fait des engagements contractuels qui conservent au décorateur des droits sur ses créations. Mais le Festival d'Aix a par exemple annoncé que, lors de son édition 2019, tous les décors avaient pu échapper à la benne et avaient été réutilisés. L'Opéra de Lille, de son côté, a été, au printemps 2021, la première maison lyrique ISO certifiée pour sa politique de développement durable.

Reste la question délicate des déplacements, notamment pour les artistes. Dans la musique pop, certains groupes et artistes comme Coldplay, Massive Attack, Billie Eilish ou Shawn Mendes ont engagé des démarches pour réduire l'empreinte carbone de leur activité et sont allés jusqu'à refuser certaines tournées qui, il est vrai, reposent sur d'impressionnants *tour trucks* qui ne roulent pas à l'hydrogène… Dans le classique, et dans l'opéra en particulier, la préférence pour le localisme n'est pas une option durable. En revanche, certains artistes commencent à bâtir leurs plannings en imaginant des circuits compatibles avec un transport en train et prévoyant plusieurs dates de concerts dans des lieux rapprochés, pour éviter les sauts de puce en avion. Les prochaines années conduiront à multiplier ce genre d'initiatives pour que l'opéra soit durable également du point de vue de son empreinte sur notre planète.

Sur un plan artistique enfin, les opéras, par leur programmation et en particulier avec les créations, doivent contribuer
à rendre sensible au public ce moment très particulier de
l'Anthropocène dans lequel nous nous trouvons et qui risque
de conduire la planète au désastre. Hyperlieux, les théâtres
lyriques peuvent multiplier les connexions entre les esthétiques artistiques, scientifiques et politiques, en suivant les
intuitions du philosophe Bruno Latour.

Des opéras exemplaires et ouverts sur les droits culturels

Institutions inscrites dans nos sociétés, les opéras, avec
leurs missions de service public, leur exigence de démocratisation et les menaces qui pèsent sur eux, doivent résolument
enfourcher le cheval de l'exemplarité. Beaucoup de progrès
restent à faire sur la question de la diversité dans les équipes
et sur les plateaux. Depuis quelques années en France, des
labels existent pour encourager des politiques de lutte contre
toutes les formes de discrimination et en faveur de l'égalité
entre les femmes et les hommes. L'Opéra-Comique et l'Opéra
de Paris ont été labellisés, ce qui contribue à l'évolution des
cultures internes à ces maisons. Ces démarches sont positives
mais il faut aller plus loin, en particulier s'agissant du respect
des droits culturels reconnus par le droit international.
S'agissant de la place des femmes, la question de la liberté
de programmation artistique est centrale et il ne saurait
être question de rayer d'un trait de plume quatre cents ans
d'histoire de l'opéra, décidément très masculins et même
synonymes pour Catherine Clément de « défaite des femmes ».
Pour autant, il faut encourager la programmation d'œuvres
de compositrices que l'histoire a méconnues. Tous les opéras
ne méritent à l'évidence pas un retour sur scène. Mais on
pourra dire que l'égalité aura réellement progressé le jour où
on programmera autant de mauvais opéras composés par des
femmes que par des hommes. Louise Bertin (*La Esmeralda*,
1836), Ethel Smyth (*The Wreckers*, 1906 ; *Entente cordiale*,

1925), Elfrida Andrée (*Fritiofs Saga*, 1894), Pauline Viardot (*Cendrillon*, 1904), Germaine Tailleferre (*La Petite Sirène*, 1957), entre tant d'autres, sont des candidates sérieuses pour que les programmations des opéras du monde s'ouvrent aux femmes compositrices. En ce qui concerne la création, Kaija Saariaho, Olga Neuwirth, Isabelle Aboulker, ou encore Camille Pépin (Victoire de la musique 2020) se voient régulièrement confier des commandes.

Enfin, si la tâche était très difficile il y a dix ou quinze ans, l'engagement de metteures en scène et de cheffes d'orchestre est aujourd'hui possible : les démarches engagées dans les écoles et les conservatoires autorisent désormais un volontarisme en actes. Une expérience comme le concours « La Maestra » destiné aux femmes cheffes d'orchestre et promu par la cheffe Claire Gibault permet de révéler de véritables talents qui, sans ces actions, auraient bien des difficultés à gagner les podiums et les fosses lyriques.

Par ailleurs, bien loin des débats sur le *blackface*, il est plus intéressant de veiller à la diversité de la programmation et de promouvoir la formation de jeunes artistes représentant les minorités, notamment dans les programmes des académies ou autres ateliers lyriques. C'est ainsi que le message que chacun a sa place à l'opéra sera crédibilisé, avec une chance d'être entendu. Naomi André, professeure à l'université du Michigan, a tracé, dans un ouvrage original et documenté, les lignes d'un *Black Opera* engagé (University of Illinois Press, 2018). Programmer des opéras composés par des musiciens noirs aujourd'hui largement méconnus en dehors des États-Unis n'est qu'une question de volonté. On pense à Harry Lawrence Freeman, surnommé « le Wagner noir » (1869-1954, compositeur de l'opéra *Ephtalia*, 1891), à Anthony Davis (né en 1951 ; *Under the Double Moon*, 1989 ; *Tania*, 1992 ; *Wakonda's Dream*, 2007), dont certains opéras sont consacrés à la question noire (*X: The Life and Times of Malcolm X*, créé à Philadelphie en 1985, et *Amistad*, créé à Chicago en 1997 et revu ensuite pour le Festival de Spoleto

(États-Unis) en 2008), ou encore à Adolphus Hailstork (né en 1941), auteur de quatre opéras (*Joshua's Boots*, 1999 ; *Paul Laurence Dunbar: Common Ground*, 1995 ; *Robeson*, 2014 ; et *Rise for Freedom, The John P. Parker Story*, 2017 et Terence Blanchard, compositeur de « Fire Shut Up in my Bones » (2019). Leslie Adams, Regina Harris Baiocchi, George Lewis, Dorothy Rudd Moore, Richard Thompson, Nkeiru Okoye sont des compositeurs dont les œuvres pourraient être programmées ou auxquels de nouvelles commandes pourraient être confiées.

Par ailleurs, la mondialisation de l'art lyrique va aussi se traduire par des formes d'hybridation, en particulier au Moyen-Orient et en Afrique du Nord. Le succès rencontré par la création au Liban en 2016 d'*Antar et Alba*, composé par Maroun Rahi sur un livret d'Antoine Maalouf, montre la voie. La littérature dans le monde arabe est suffisamment riche pour permettre de rêver à d'autres livrets qui parlent à l'humanité.

Pour relever ces défis, la meilleure réponse que les opéras peuvent apporter doit se nourrir des « droits culturels », notion apparue avec la Déclaration universelle des droits humains de 1948, affirmée par la Convention de l'UNESCO de 2005 sur la protection et la promotion de la diversité des expressions culturelles et, encore plus précisément, par la Déclaration de Fribourg adoptée en 2007 par un groupe d'experts internationaux. L'ouverture à tous les publics les plus éloignés, jamais facile mais toujours nécessaire, doit être complétée par des actions déterminées marquées par plus d'horizontalité, plus de co-élaboration et de partage, dans les écoles, les hôpitaux, les prisons notamment. Le respect mais aussi la mise en valeur des droits culturels doivent déboucher sur une dimension clairement contributive, faisant une place au grand public, aux amateurs et aux minorités peu présentes dans les travées des opéras et sur les plateaux. De telles actions n'emporteront aucune renonciation à l'excellence, aucune réduction de la liberté ou de la créativité des artistes ; sans doute conduiront-elles certaines institutions à abandonner une certaine morgue contreproductive et datée, à priver les ennemis de l'opéra d'arguments supplémentaires et, surtout, à élargir le public d'aujourd'hui et de demain.

Désinhiber la relation à l'opéra

Comme l'écrivait le poète et librettiste d'opéra Dana Gioia, président du National Endowment for the Arts, dans le *New York Times* en 2004 : « Nous sommes une société dans laquelle les arts sont devenus marginaux. Nous ne produisons plus une nouvelle génération qui va au théâtre, à l'opéra, au concert symphonique ou de jazz, au ballet, et qui apprécie d'autres formes d'art. » Dans ce contexte, les maisons lyriques peuvent rester sur leur Aventin en attendant le chaland. Elles risquent, petit à petit, de voir un public de plus en plus parsemé gagner la colline. Une autre stratégie moins suicidaire doit au contraire les pousser à mettre tous les moyens en œuvre pour décomplexer la relation avec le public, pour aller vers lui et lui donner les clés de ce monde merveilleux. Roland Barthes a décrit l'objectif dès 1973 (*Les Fantômes de l'opéra*) : « Je rêve d'un opéra aussi libre et aussi populaire qu'une salle de cinéma ou de catch. » L'idée n'est pas de banaliser, de désacraliser totalement une expérience qui reste exceptionnelle… mais de montrer qu'elle est ouverte et simplement possible pour tous ceux qui le souhaitent.

Aller vers le public

Le premier pas doit venir des théâtres lyriques. Dans le message et le positionnement d'abord. Les maisons d'opéra sont souvent des institutions bien installées, imposantes même, qui ont des siècles d'histoire derrière elles, des codes, un vocabulaire (les *baignoires* ? les *entractes* ? le *paradis* ou le *poulailler* ? les *ouvreurs* ? ces mots ont à peu près disparu du lexique contemporain). Beaucoup d'initiatives existent en ce sens et, pour tous les opéras, qu'ils soient « nationaux », « nationaux en région » ou autres, quel que soit leur budget, les actions de démocratisation et de pédagogie sont ce que l'on peut appeler un impératif catégorique.

Il y a là un élément essentiel de la mission de service public et un enjeu pour le futur : à côté de la question de la démocratisation, il y a celle de la préparation du public de demain, celui qui, dans le meilleur des scénarios, garnira les salles d'opéra dans les décennies prochaines et les mécénera pour certains.

Les initiatives sont innombrables. Particulièrement remarquables, les pratiques artistiques organisées dans le cadre du théâtre mais aussi des spectacles lyriques créés pour les plus jeunes, le cas échéant hors les murs.

Dans la première catégorie, on peut évoquer le programme « Dix mois d'école et d'opéra », créé en 1991, qui permet, dans le cadre d'un partenariat rare entre l'Éducation nationale et l'Opéra national de Paris, de proposer à des classes de préparer pendant une année scolaire un spectacle avec les moyens et les standards de qualité de l'Opéra de Paris, en plus du talent des jeunes élèves et de leurs enseignants. Une enquête conduite par le sociologue Philippe Coulangeon en partenariat avec le CNRS et Sciences Po a permis de mettre en valeur l'impact de la participation à ce programme sur le parcours scolaire et professionnel des jeunes élèves. Oui, l'art lyrique peut changer la vie. Certains sont devenus musiciens amateurs, d'autres avocats ou enseignants. D'autres exemples d'opéras participatifs peuvent être trouvés, sous des labels plus ou moins inventifs, à Marseille (« L'opéra, c'est classe »), à Strasbourg (« Tout le monde chante ») ou Toulon (« Le printemps des jeunes »), entre autres.

Presque aussi couramment, les opéras proposent des formats pour les plus jeunes, plus courts que les opéras du répertoire et avec des thèmes censés parler à ce public.

L'Opéra-Comique a ainsi créé *La Princesse légère* de Violeta Cruz ou *Le Mystère de l'écureuil bleu* de Marc-Olivier Dupin et Ivan Grinberg, parallèlement à l'astucieuse proposition de « Mon premier festival ». Les programmateurs rivalisent d'inventivité en allant chercher dans le patrimoine une œuvre comme *Le Singe d'une nuit d'été* de Gaston Serpette créé aux Bouffes-Parisiens en 1886 ou en créant, avec un clin d'œil au film d'animation, *Little Nemo* de David Chaillou à Angers. Plus rarement, les maisons lyriques se lancent dans l'élaboration de réductions d'œuvres du grand répertoire pour le faire découvrir aux néophytes. L'Opéra de Paris avait ainsi proposé un « Ring miniature » pour le jeune public ; *La Flûte enchantée* fait également partie des titres volontiers proposés et le Pacific Opera Project de Los Angeles est allé jusqu'à proposer le chef-d'œuvre de Mozart transposé dans un environnement issu du jeu vidéo. Certains abandonnent la langue originale de l'œuvre pour une traduction dans la langue du pays, pour faciliter la compréhension du texte et de l'histoire[1].

Il faut surtout que les opéras sortent de leurs murs et aillent à la rencontre du public, sans aucune concession sur la qualité. Il ne s'agit pas de monter un *Élixir d'amour* à l'aéroport de Malpensa, *La Traviata* dans la gare de Zurich ou une *Bohème* dans un HLM de Berne. Ces opérations relèvent de « coups » faits pour la télévision, qui font parler d'opéra, certes, mais qui ne changent en rien la relation du public avec la production lyrique. C'est la même chose avec les représentations diffusées dans les cinémas, pour ne pas parler des films d'opéra qui ont disparu corps et biens. Le *Don Giovanni* de

---

1. Curieux retour en arrière, à une époque pas si éloignée, où les opéras étaient systématiquement donnés en français. On chantait ainsi « *Plus d'hiver, déjà le printemps commence* » et non « *Winterstürme wichen dem Wonnemond* » (l'air de Siegmund au premier acte de *Die Walkyrie*) ou encore « *Supplice infâme qui la réclame* » et non « *Di quella pira, l'orrendo foco* » (*Il Trovatore*).

Joseph Losey, en 1979, semble très loin, pour ne pas parler d'un *Avanti a lui tremava tutta Roma*, film d'aventures de Carmine Gallone (1946) mettant en abîme une cantatrice (Anna Magnani en Tosca !) et son Mario en héros de la libération de Rome occupée par l'armée allemande[1].

De la même manière, il faut que l'art lyrique aille à la rencontre du public, non de manière anecdotique et hasardeuse, mais pour proposer un spectacle là où le public se trouve, en utilisant les codes de l'époque. Dans les années 1970, le Met avait, pour chaque titre du grand répertoire, deux productions différentes : l'une pour la grande scène du Lincoln Center ; l'autre pour partir aux quatre coins du pays dans les « Texaco tours ». Plus récemment, l'Opéra de Rome a proposé un « camion opéra » qui a sillonné le Latium et le lien est facile à établir avec le remarquable redressement de l'opéra de la capitale qui a vu ses recettes de billetterie progresser de 50 %, avec une part importante, supérieure à 40 %, de « primo-spectateurs ». De la même manière, les Chorégies d'Orange se sont dotées d'un camion-scène de 14 mètres pour proposer, à l'été 2021, un *Elixir d'amour* gratuit dans des villages provençaux comme Raphèle-les-Arles ou Carcès Aux Pays-Bas, la compagnie De Nederlandse Reisopera, en Angleterre l'English Touring Opera ou le festival « Tête à Tête », en Belgique le Muziektheater Transparant proposent des productions itinérantes dans des formats réduits à un public éloigné des scènes principales. L'expérience du Birmingham Opera Company, fondé en 1987 par le metteur en scène Graham Vick, est à cet égard exemplaire : chaque saison, des milliers de volontaires sont sélectionnés, y compris en appliquant des formes d'*affirmative action*, pour participer à des productions lyriques délocalisées. En mars 2019, un opéra aussi exigeant que *Lady Macbeth du district de Mzensk* de Chostakovitch a mobilisé 150 citoyens

---

1. On rêve d'un Jean Dujardin en Don Alvaro de *La Forza del destino* ou, pour les plus jeunes, d'un Timothée Chalamet en Roméo.

de Birmingham, dans les chœurs et comme figurants, pour des représentations données au Tower Ballroom, hangar servant habituellement de boîte de nuit. Au cours de la saison 2017-2018, on estime à pas moins de 5 700 les amateurs qui ont participé aux spectacles... soit à peine moins que les 7 800 spectateurs.

En dehors des théâtres, j'ai la conviction que les artistes, qu'ils soient permanents ou occasionnels, qu'ils appartiennent à des maisons bien installées ou à des ensembles privés, notamment dans le domaine de la musique baroque, pourraient porter l'art lyrique aux quatre coins du pays. Il est possible de donner des concertos pour piano de Beethoven transposés pour quintette à cordes, comme l'a démontré brillamment René Martin à La Roque-d'Anthéron, en temps de Covid, et ainsi, demain, de proposer cette musique dans des lieux insusceptibles de jamais recevoir un orchestre symphonique. La problématique est la même pour l'opéra. Des transpositions habiles, des versions réduites, quelques musiciens et quelques jeunes chanteurs permettraient à des millions de personnes d'avoir l'expérience du chant *live*, en direct, sans micro ni amplification. Ce pari n'est pas coûteux ; il ne s'agit pas d'opéra *low cost* ; c'est l'opéra à la portée de tous. Il contribuerait puissamment à bâtir le public de demain. Il donnerait du travail à des milliers d'artistes.

Trop longtemps les opéras sont restés drapés dans leur dignité de vieilles maisons aux traditions pluricentenaires, portant un regard condescendant sur les hordes fréquentant les festivals pop comme le Printemps de Bourges ou les Francofolies de La Rochelle. Cette attitude est suicidaire, alors même qu'une large partie du public est curieux, ouvert, intéressé par des « expériences » différentes... pour peu qu'on se donne la peine de leur tendre la main et, ensuite, de les accueillir avec un soin particulier. Les opéras n'ont, de ce point de vue, pas encore fait leur mue, faisant comme si le public immuable allait maîtriser pour l'éternité des codes non écrits transmis de génération en génération.

La qualité de l'accueil se joue à toutes les étapes. La tarification est un premier sujet et, pour aider à franchir le pas, il faut provoquer la décision de venir à l'opéra, par exemple en faisant valoir que cette « expérience » ne coûte pas plus cher qu'une place de stade ou une soirée en discothèque. Il faut que la programmation « parle » aux plus jeunes et notamment aux enfants dont les préjugés sont infiniment moindres que ceux des plus âgés.

Surtout, l'expérience elle-même doit être marquante. De l'information par les réseaux sociaux et les sites Internet jusqu'au lendemain du spectacle, le théâtre marquera sa considération pour le public, accueilli comme un roi. « *Audience is king* » doit être le mantra alors qu'un combat concurrentiel s'est engagé dans lequel la survie de l'art lyrique est en jeu.

Pendant le spectacle lui-même, le défi devient ardu. Graham Vick, disparu à l'été 2021 des suites de ce satané virus, l'avait relevé avec audace et talent pour un *Stiffelio* (le regretté Verdi) donné en 2017 dans le théâtre Farnèse du palais ducal de Parme. De cet opéra oublié pendant des décennies qui met aux prises un pasteur avec l'infidélité de sa femme, Vick a fait un débat de société sur la famille à l'époque du mariage pour tous et de la #ManifPourTous… en plaçant les chanteurs au centre du public, sur des praticables mobiles autour desquels le public, debout, pouvait circuler… au risque de se trouver pris au milieu d'un groupe de choristes. Sans doute contestable musicalement – le lien avec l'orchestre était impossible, les décalages nombreux… –, l'expérience était forte pour le public physiquement au centre du drame. J'avoue avoir été perturbé par cette proposition qui me plaçait, avec les autres spectateurs, au centre de l'action, entouré de choristes, non loin des solistes sur leur praticable… Et puis, avec les autres, je me suis laissé prendre par l'expérience physique du son, devant moi, derrière moi, à mes côtés, sans les codes habituels des opéras. Quelques années à peine après les débats sur le mariage pour tous, cet opéra méconnu prenait un sens particulier et devenait une des composantes du débat politique. Chapeau, Graham Vick !

Enseigner à devenir spectateur ?

Après quatre siècles de succès et de vie trépidante, l'art lyrique semble avoir été l'objet, en ce début de XXIe siècle, d'un marabout malicieux qui aurait multiplié les malédictions et les difficultés. Car, aux obstacles économiques et esthétiques, s'ajoutent des barrières psychologiques difficiles à franchir pour les spectateurs.

Comparons la sortie d'un cinéma et d'un opéra. Deux spectateurs échangent leurs impressions. « Tu as aimé le film ? » et la conversation s'engage. Aucun des deux n'est particulièrement expert mais les arguments volent de l'un à l'autre sans difficultés. Après trois heures d'un opéra, quel qu'il soit, l'un des spectateurs est gêné pour répondre à la même question « As-tu aimé la soirée ? ». « Je ne connais pas grand-chose à l'opéra », « Je suis moins expert que toi », répondra-t-il très souvent, même s'il est allé régulièrement assister à des représentations lyriques. Au cinéma, personne, absolument personne ne répondra « Je ne connais pas grand-chose au 7e art. » Chacun a une opinion, plus ou moins éclairée, plus ou moins intelligente, mais elle peut se formuler. À l'opéra, c'est différent. Qu'il ait ou pas aimé (et dans ce dernier cas, il pourra éventuellement montrer un soupçon de culpabilité pouvant justifier un mensonge), le spectateur fera précéder son opinion de l'expression de son absence de connaissance musicale et lyrique. Cette attitude doit être résolument combattue : alors que le public n'est pas inhibé face à l'image, sans doute un peu davantage face à l'art contemporain, il est tétanisé par l'idée d'exprimer un jugement sur l'opéra. Outre l'immédiateté du cinéma plus facile à appréhender, les images sont dans notre quotidien. L'opéra est-il dans le quotidien des gens, notamment des plus jeunes? Malheureusement, la réponse est dans la question.

Il est aujourd'hui prioritaire de repenser l'approche de l'art lyrique, ce qui renvoie à la question de l'éducation à la culture musicale dans notre pays. Le fait que de nombreux collégiens aient manifestement pris le cours de musique en grippe est un échec pathétique auquel l'Éducation nationale essaie de répondre avec les moyens du bord. La suppression de la flûte à bec au collège, en 2014, a été un premier pas. D'autres restent à franchir! La question de l'articulation de l'Éducation nationale avec les opérateurs, publics comme privés, doit être posée. Les opéras, les orchestres, les ensembles sont parfaitement armés pour faire découvrir la musique à des collégiens que le contact physique avec le son et le spectacle passionne très souvent. Sans aller chercher des solutions excessivement complexes, le principe devrait être posé que tout collégien de France doit avoir assisté à au moins un opéra en *live* au cours de sa scolarité après avoir été préparé. Le rapport des jeunes au théâtre bénéficie à l'évidence des études des grands textes et des initiatives des enseignants qui n'hésitent pas à accompagner leurs classes au spectacle. Pourquoi cela ne serait-il pas possible pour le lyrique?

Bien plus, il faut donner les clés de compréhension au public, puisque la facilité d'accès est sensiblement plus réduite qu'au cinéma ou au musée. Le digital offre de formidables opportunités qui n'ont pas encore été explorées.

Deux questions fondamentales restent ouvertes.

Primo, les jeunes peuvent-ils apprécier un spectacle « normal », sans version réduite ou simplification excessive, c'est-à-dire potentiellement long, chanté en langue étrangère et avec un livret parfois difficile à suivre? La réponse est bien évidemment et sans ambiguïté positive. Le succès des avant-premières réservées aux moins de 25 ans le démontre : les places, mises en vente au prix unique de 10 euros, au parterre comme au dernier rang du dernier balcon, partaient toutes en quelques minutes, pour Verdi aussi bien que pour Reimann. L'enthousiasme de ce public *a priori* pas du tout « spécialiste de la spécialité », donnait une énergie incroyable que les artistes sentaient et appréciaient, à quelques jours de la première[1]. Pour les plus jeunes, un minimum de préparation avant le lever du rideau facilite la compréhension de l'ouvrage. Cette préparation est nécessaire car il faut admettre que les opéras concentrent le maximum de conventions (la langue étrangère, l'expression par la voix...) et de difficultés (la longueur, le caractère parfois stéréotypé des situations...), surtout pour la génération z et ses addicts aux réseaux sociaux.

Mais, pourvu que l'histoire soit analysée et que soient mis en valeur les liens de l'œuvre avec l'histoire, la mythologie, la littérature par exemple, alors il sera évident à tous que la plupart des livrets, par leur universalité, touchent tous les publics. L'amour, la mort, la foi, la fidélité, l'amitié, la violence, la trahison, l'altérité parlent à tous, dans le rap comme dans l'opéra ! La familiarisation avec le langage musical du compositeur, la découverte ou redécouverte de nombreux passages d'œuvres lyriques (car combien d'airs d'opéra sont, en réalité, connus du plus grand nombre qui l'ignore...) aideront le public à se sentir à l'aise. L'essentiel réside dans l'exigence de qualité. Que les spectacles soient donnés en version intégrale ou réduite, en langue française ou en langue originale, il faut que, par leur conception même, ils se tiennent, soient cohérents et que les artistes aient suffisamment répété.

Deuxio, les adultes font-ils l'objet de politiques particulières ?

Pourquoi la question de l'apprentissage de l'opéra serait-elle pertinente uniquement pour les enfants ou les jeunes ? Peut-on apprendre à devenir spectateur ? Y a-t-il des programmes

---

1. Le contraste régulier entre les ovations debout des jeunes, lors de l'avant-première, et les sifflets de certains, le soir de la première quarante-huit heures plus tard, était, et reste, un sujet de méditation.

d'apprentissage pour les adultes qui, eux aussi, peuvent avoir envie de découvrir l'opéra et qui n'ont pas eu la chance d'avoir un mentor ? Où apprend-on l'opéra ? Où apprend-on à écouter, à regarder ? Comment ? On peut, certes, venir à l'opéra, pour se divertir – il ne doit y avoir aucun sentiment de culpabilité derrière le divertissement ! – et profiter de la beauté de mélodies, sans avoir besoin d'avoir suivi un cursus particulier. L'opéra est ouvert et peut plaire à tous, et en particulier à ceux qui ne lisent pas la musique ou qui ne comprennent pas le russe. Adorno le dit dans son *Introduction à la sociologie de la musique* : « Quiconque voudrait faire de tous les auditeurs des experts se comporterait de façon inhumainement utopique. » Et de préférer, à l'auditeur-expert, le « bon auditeur », qui « entend au-delà du détail musical, (…) établit spontanément des rapports, juge de façon fondée et pas uniquement d'après les catégories du prestige et du goût ». Qu'il soit aussi permis de penser que l'on apprécie mieux et qu'on prend donc, en principe, un plaisir plus grand lorsque l'écoute est plus analytique, plus éclairée, celle d'un « auditeur pleinement conscient » pour reprendre la formule d'Adorno. Apprécie-t-on un match de football ou de base-ball sans en connaître les règles ? Un ballet classique sans en connaître quelques codes ? Un verre de vin sans avoir appris les clés de la dégustation ?

Or, force est de constater que nulle part on n'apprend à devenir spectateur, à écouter, à regarder et à apprécier – c'est-à-dire à se former un jugement éclairé quoique subjectif – sur un opéra. L'Opéra de Lyon propose une « École du spectateur » ? Las, derrière la façade attirante on ne trouve qu'une série de conférences publiques enregistrées, en podcast audio. C'est bien mais c'est peu.

Les surtitres, désormais généralisés[1], aident, bien sûr, à la compréhension de ce qui se passe sur scène. Mais le

---

1. Il semble que les premières expériences en la matière aient été conduites en 1983 par Lofti Mansouri, metteur en scène et à l'époque directeur de l'Opéra de San Francisco.

contexte historique, la place du compositeur dans l'histoire de la musique, les *momenta* de la soirée, la réception et la destinée de l'œuvre… tous ces éléments clés risquent de rester bien mystérieux pour le spectateur. La lecture d'ouvrages comme l'*Avant-Scène Opéra* reste, sans doute, la meilleure manière de se préparer. Les outils digitaux offrent aussi des pistes particulièrement intéressantes et c'est ce qui a présidé à la création d'« Aria », l'académie digitale de l'Opéra de Paris qui, de manière ludique, interactive et très adaptée aux usages mobiles, se propose de donner les éléments essentiels de compréhension de l'art lyrique et du ballet. Demain, pour aider à comprendre et, surtout, pour donner envie, les plate-formes de *streaming* seraient bien inspirées de faire, pour l'art lyrique, ce que *The Queen's Gambit* de Scott Frank et Allan Scrott, d'après un roman de Walter Tevis, a esquissé pour les échecs[1].

Pour un opéra politique, pour une politique de l'opéra

Entre les deux écueils du figuratisme *alla* grand-papa et de l'intellectualisme abscons, une voie existe pour proposer des opéras qui parlent au public et à nos sociétés, qui divertissent et font réfléchir, qui provoquent des émotions intenses et s'insèrent avantageusement dans le monde du spectacle vivant.

Une précision liminaire doit être soulignée. Tous les publics ne sont pas comparables, tant s'en faut. Christophe Charle a

---

1. Augmentation de 603 % des ventes de livres sur les échecs aux Etats-Unis, 87 % de ventes d'échiquiers en plus, inscriptions massives dans les clubs en ligne, en temps de Covid, tels sont les effets mesurables massifs qui ont suivi la diffusion de la série, visionnée près de 100 millions de fois… À cette aune aussi, on rêve d'une série qui emmènerait le spectateur dans les coulisses lyriques !

montré que les spectateurs forment, au fil de l'histoire, par leurs goûts, leurs discussions, leurs habitudes, des « sociétés » au sens dix-huitiémiste de ce terme, c'est-à-dire des associations de personnes ayant des intérêts communs. À l'évidence, elles sont différentes d'une ville à l'autre. De nos jours encore, les spectateurs de l'Opéra d'État de Vienne, autrichiens ou touristes étrangers, n'ont pas les mêmes attentes que ceux de l'Opéra de Paris, du Met ou du Grand Théâtre de Genève. À Marseille, on n'a pas le même rapport au répertoire italien qu'à Lille ou à Rennes. Quant aux festivals, sans même parler de ceux qui sont spécialisés sur un compositeur ou un type de répertoire, les propositions artistiques qui y sont données sont par nature différentes de celles offertes par des théâtres de répertoire ou de *stagione*. Cela ne signifie pas que l'intégralité du répertoire ne doive pas être proposée partout, avec les mêmes exigences d'excellence. Mais la disponibilité de tel ou tel public par rapport aux voix, aux reprises de productions antérieures, aux créations et aux approches plus ou moins innovantes, voire disruptives, n'est pas la même. C'est une donnée qui ne guide pas nécessairement la programmation de manière rigide, mais dont les responsables des opéras ne peuvent pas ne pas tenir compte.

Cela posé, quelques principes peuvent guider la construction des programmations lyriques.

Primo, pour des maisons capables de proposer une dizaine de titres chaque saison, un mélange de titres du grand répertoire qui attirent le public, d'opéras de différentes origines géographiques et, surtout, du XXe et du XXIe siècle devrait être la norme. La tentation d se limiter aux opéras italiens et français les plus populaires est mortifère. La curiosité du public est sans limite et, en la matière, plus la proposition est ambitieuse, plus la demande grossit.

Deuxio, s'agissant des créations, la clé réside dans la constitution d'équipes gagnantes, avec un compositeur et un librettiste susceptibles de parler à notre époque. Cela passe d'abord par le choix de thèmes et d'histoires auxquels le grand public peut s'intéresser. La littérature – y compris avec le recours aux grands auteurs français qui parlent au public ou à des best-sellers contemporains – et les séries peuvent sans doute donner des idées innombrables. Un opéra à partir de *Game of Thrones* ou de *La Casa de papel*? Pourquoi pas! Une petite compagnie d'opéra indépendante de Detroit dans le Michigan a expérimenté une *Carmen*, produite dans une prison de femmes, dont certaines lesbiennes et transgenres, avec un clin d'œil appuyé à la série *Orange is the New Black*. Le succès est au rendez-vous car le public sent qu'il va retrouver sur scène des histoires qui lui parlent car il les vit, chaque jour, en pensée ou en réalité. Du reste, les liens entre la culture pop et l'art lyrique, de Wagner et *Star Wars* au *Parrain* et *Cavalleria rusticana*, en passant par *James Bond* et *Turandot* sont déjà très nombreux. Tout ce qui peut démontrer, en actes, que l'opéra parle à nos contemporains et n'est pas réservé à quelques chevaliers du Graal détenteurs d'un mystérieux code secret transmis de génération en génération, va dans le bon sens.

Tertio, les maisons d'opéra doivent cesser de s'imaginer comme des tours d'ivoire capitonnées de velours et à l'abri des fracas du temps. Elles doivent, comme les autres arts, s'enrichir de ce que sont nos sociétés contemporaines. Le public doit certes pouvoir s'évader, rêver, fantasmer, s'oublier, se divertir... mais les théâtres lyriques donnent encore trop l'image d'institutions éloignées de la vie réelle, fermées aux préoccupations du quotidien et en décalage avec la société. Il faut, résolument, programmer des artistes qui ressemblent à la population, confier des spectacles à des metteures en scène et promouvoir les œuvres écrites par des femmes, par des artistes venus d'ailleurs, répondant à l'exigence de diversité, synonyme de richesse.

Il faut ensuite veiller à ce que les compositeurs et leurs librettistes évoquent les thèmes qui tenaillent nos sociétés. Les identités, nationales, sexuelles, raciales, ont leur place sur les plateaux lyriques. Outre-Atlantique ou en Afrique du Sud, certains s'y sont essayés, comme Bongani Ndodana-Breen avec *Winnie, the Opera*[1] d'après la vie de Winnie Madikizela-Mandela, l'épouse de l'ancien président sud-africain.

L'acculturation de l'art lyrique aux quatre coins de la planète est une chance pour nos vieilles maisons européennes. Le temps est venu de tenir compte, dans les programmations, de la formidable expansion que l'opéra a connue depuis quelques décennies. La regrettée Eva Kleinitz avait eu cette brillante intuition en programmant chaque année à l'Opéra du Rhin un festival « Arsmondo » faisant la part belle aux opéras d'ailleurs c'est-à-dire composés sur d'autres continents, avec d'autres références culturelles et musicales. L'Argentine, l'Inde, le Japon, le Liban ont ainsi été mis à l'honneur au cours des dernières années. Pour le spectateur occidental, il y a là une remise en perspective qui peut déranger le confort des programmations habituelles. Mais, surtout, il y a là une source de renouvellement et d'ouverture qui est réjouissante pour l'art lyrique de demain. De l'Afrique du Sud à l'Azerbaïdjan, les possibilités sont infinies et il appartient aux directeurs d'opéra de s'en saisir. Certains compositeurs peuvent incarner « l'opéra métis » de demain[2]. La survie de l'opéra passe par de l'énergie nouvelle venue d'ailleurs et de nouveaux syncrétismes.

Quarto, l'art lyrique doit s'ouvrir à d'autres formes d'art et de musique, multiplier les croisements qui intéressent davantage le public que des « couloirs » artistiques qui ne se croisent jamais[3] ou des clichés jamais remis en cause. Confier la mise en scène des *Indes galantes* à Clément Cogitore et à

---

1. Cet opéra a été créé à Pretoria en 2011.

2. On pense au musicien américain d'origine chinoise Tan Dun (né en 1957), auteur de l'opéra *Marco Polo* (créé en 1996 à Munich) ou *Tea* (Tokyo, 2002) ; au Marocain Ahmed Essyad (né en 1939) avec *Le Collier des ruses* (Avignon, 1977) ; aux musiciens pop Damon Albarn et Nick Cave (avec Nicholas Lens).

3. Le « décloisonnement » dans le domaine lyrique peut froisser. L'existence de certaines cloisons est parfaitement justifiée. Il faut parfois les moderniser.

trois chorégraphes – Bintou Dembele, Igor Caruge et Brahim Rachiki – travaillant avec un groupe de danseurs de krump – danse née dans les ghettos de Los Angeles dans les années 1990 – était un message très fort pour les équipes de l'Opéra de Paris, pour les artistes invités et pour le public. Chaque soir, en 2019, l'opéra de Rameau, *a priori* peu adapté à Bastille, a captivé 2 700 spectateurs, validant l'intuition. Un film long métrage de Philippe Béziat sorti en 2021 en témoigne, des premières répétitions jusqu'à la dernière représentation.

L'hybridation, les croisements, l'invitation d'artistes venant d'autres horizons et capables d'apporter une dimension sensible aux œuvres lyriques sont des messages que l'opéra doit adresser au public. Pour ces maisons de service public, des résidences annuelles d'artistes n'appartenant pas *a priori* au monde lyrique devraient être systématiques. Il y a là, sans doute, une prise de risque majeure car les contraintes propres à l'opéra peuvent conduire des artistes venus d'autres esthétiques à des impasses ou à des entre-deux insatisfaisants. Nombre de réalisateurs de cinéma se sont ainsi cassé les dents sur les particularités du théâtre lyrique. Mais lorsque Ivo van Hove revisite *Les Damnés* de Visconti pour la Comédie-Française, on oublie en quelques minutes la distinction entre ce qui se passe réellement sur scène et ce qui est projeté sur le grand écran. L'art lyrique permet ces hybridations, même si la question de la sonorisation des voix ou de leur correcte projection vers le public se présente de manière différente. Ce que Damiano Michieletto a inventé pour un *Rigoletto* covidien au Circo Massimo de Rome à l'été 2020, dans la lignée d'un *Hamlet* très visuel mis en scène à l'Opéra comique par Cyril Teste, encourage à chercher de nouvelles expériences et de nouvelles manières de produire l'art lyrique du XXIe siècle. Comme l'écrit Robert Lepage en citant également Katie Mitchell, « ces créateurs ne font pas des spectacles à la mode, mais vont où le théâtre doit aller » (Robert Lepage, *Entretien et présentation* par Ludovic Fouquet, Actes Sud, 2018). Pour le public qui n'a pas l'habitude de franchir la porte des théâtres lyriques, retrouver au programme des artistes venus de la pop, du jazz, du théâtre, des arts plastiques, entre autres, peut constituer un motif de confiance susceptible de conduire à d'autres découvertes, dans le domaine lyrique. Le format du festival devrait faciliter de telles audaces.

L'intuition n'est pas nouvelle : John Adams, le compositeur de *Nixon in China* (1987) et de *Doctor Atomic* (2005), entre autres, a toujours indiqué qu'il voulait avant tout travailler non avec des chanteurs d'opéra mais pour des artistes capables de travailler dans une grande variété de style… ce qui ne l'a jamais empêché de composer des pages d'une redoutable difficulté mélodique et virtuose[1]. Aujourd'hui, une Ellen Reid ouvre son opéra *p r i s m* (2018) avec de la *house music* et Bernard Foccroulle a multiplié les propositions faisant appel à d'autres traditions musicales que celles de l'opéra européen. La mondialisation lyrique, de ce point de vue, est extrêmement stimulante.

Les artistes au centre, vraiment

Cette formule, « les artistes au centre », sans méconnaître qu'on en a usé *ad nauseam* dans les sphères politiques au point que certains artistes ne la supportent plus, a, dans le contexte d'une programmation lyrique, un sens particulièrement fort. Les considérations économiques ont leur poids ; les attentes des mécènes ne doivent jouer aucun rôle ; celles du public et de l'environnement culturel de la ville et du pays ne peuvent être ignorées ; mais ce qui doit commander, c'est le projet élaboré avec des artistes, pour des artistes, grâce aux

---

1. On peut écouter, pour s'en convaincre, le monologue extrêmement virtuose de Chiang Ch'ing « *I am the wife of Mao Tse-Tung* » à la fin du deuxième acte de *Nixon in China*, avec vocalises et suraigus.

artistes. Au premier rang desquels les chanteurs, les chefs et les metteurs en scène.

Parier sur les chanteurs

Il est évidemment possible de programmer des opéras avec des chanteurs qui ne sont pas des stars. Une large part du public – dont le plaisir et l'intérêt ne sont pas moins légitimes que ceux d'autres plus connaisseurs – ne fait pas la différence entre des artistes de niveau moyen et des chanteurs exceptionnels. Pour autant, la magie de l'opéra repose d'abord sur ce que proposent les plus grands chanteurs lyriques qui, depuis plusieurs siècles, et l'ère des castrats en particulier, participent d'une forme de mythification de l'opéra. Giulio Gatti-Casazza, directeur de la Scala puis du Met au début du XXe siècle, raconte dans ses mémoires qu'en 1931, à sa grande surprise, le plus grand succès de la saison au Met avait été une œuvre méconnue du public américain : *Lakmé* de Léo Delibes. La raison ? La présence de Lily Pons dont les suraigus électrisaient les spectateurs. En ce début de XXIe siècle, nous avons la chance de disposer de très nombreux artistes, confirmés ou non, beaucoup mieux formés qu'il y a quarante ou cinquante ans, capables de proposer, dans des théâtres d'importances variables, des œuvres lyriques relevant de tous les répertoires. Baroque, bel canto, vérisme, opéra contemporain... les chanteurs sont prêts. Ridicules sont les imprécations des nostalgiques des voix-d'antan-qui-n'existeraient-plus.

Cela exige que les équipes des théâtres aillent à leur rencontre pour les écouter, à chaque occasion, partout, dans tous les répertoires, fassent passer des auditions, avant de leur donner leur chance en leur proposant des contrats.

Le *star system* joue dans le monde lyrique un rôle très spécial, depuis très longtemps. Aujourd'hui, quelques artistes, peu nombreux, sont capables d'attirer, sur leur seul nom, un public disposé, pour les écouter et les voir sur scène, à traverser l'Europe ou l'Atlantique et à débourser des sommes folles.

Ils sont les locomotives médiatiques du train lyrique et aussi ceux qui peuvent écrire les plus belles pages de l'histoire de l'opéra par leurs interprétations. Kaufmann en Lohengrin, Netrebko en Leonora du *Trovatore,* Tézier en Simon Boccanegra, Florez en Comte Ory, Peter Mattei en Oneguine, ont marqué ces rôles de manière indélébile. Mais ils choisissent leurs contrats, disent souvent non et ne montent sur scène que dans une poignée de théâtres et pour moins de 60 ou 70 soirées par an. Avec eux, l'enjeu est clair : parvenir à les faire répéter suffisamment – et donc les immobiliser pendant quatre, cinq ou six semaines avant la première représentation – et éviter que leur agenda n'enchaîne que de nouvelles reprises de rôles déjà éprouvés partout dans le monde. Car, y compris avec eux, peut-être surtout avec eux, qui sont les plus grands, qui ont les voix les plus extraordinaires, l'important est de proposer du théâtre pour que l'opéra ne soit pas qu'une démonstration de muscles et de vocalité. Robert Lepage décrit la gageure : « Je crois en l'acteur-inventeur ou l'acteur-créateur. L'acteur-interprète ne m'intéresse pas. Je ne travaille pas à l'interprétation, mais j'essaie de travailler à l'invention. » Cette exigence varie d'un répertoire à l'autre et il est clair qu'une Imogène (*Il Pirata*) excellente actrice mais incapable de vocaliser ne fera pas l'affaire. Pierre Boulez le reconnaît avec justesse : « Si le choix se présente, je m'en réfère à l'opinion exprimée par Wagner dans sa fameuse lettre à Liszt sur *Lohengrin* : plutôt des acteurs capables de chanter que des chanteurs capables de jouer. Dans cette forme de théâtre musical, il est infiniment plus enrichissant, plus séduisant aussi, d'avoir affaire à des interprètes habités, visant le drame, plutôt qu'à des individus vocalement plus doués mais dénués de ressources scéniques. Je n'en dirais pas tant du théâtre de Verdi, qui me paraît exiger, pour s'épanouir, des capacités vocales éclatantes, plus que des génies de la caractérisation. »

Alors que les carrières sont courtes, sacrifier un mois ou un mois et demi en répétitions – non rémunérées ou bien de manière seulement forfaitaire – est certes un sacrifice pour eux, que des récitals ou concerts nettement plus payés, avec peu de travail préparatoire, peuvent du reste compenser. Mais c'est à ce prix que la qualité musicale et esthétique peut être assurée, objectif suprême de toute équipe lyrique.

À l'autre bout de la « chaîne », la question des jeunes chanteurs justifie une approche particulière. Le début de la carrière est particulièrement difficile. Les contrats sont rares. La création d'académies ou d'ateliers lyriques, qui recrutent sur audition, est une réponse intelligente qui peut être poussée encore plus loin jusqu'à la constitution de troupes de jeunes artistes. Les troupes, apanages des théâtres germaniques qui, sur la base d'un fonctionnement en répertoire, jouent presque chaque soir, ne constituent pas un modèle facilement reproductible : les coûts de fonctionnement sont importants, la part des subventions dans les recettes doit être très forte et le lien avec le public est nécessairement particulier, les créations et les artistes invités étant plus rares qu'ailleurs. En revanche, chaque théâtre devrait pouvoir proposer à une troupe de jeunes artistes de s'engager, non seulement pour le jeune public ou pour des concerts dans des formats originaux, mais aussi pour la saison régulière. Pour chaque spectacle, les doubles distributions, avec des chanteurs confirmés, d'une part, et de jeunes artistes, d'autre part, sont le moyen principal pour lancer les carrières. Par ailleurs, avoir tout prêts des chanteurs connaissant le rôle et la mise en scène peut se révéler très utile en cas de défaillance d'artistes de la première distribution...

Ces artistes sont aussi le moyen d'aller chercher le public éloigné du théâtre. Quelques musiciens, voire un pianiste seul, six jeunes chanteurs, un assistant à la mise en scène et voilà un *Così fan tutte* capable, à peu de frais, de tourner dans une région, ce qui existe trop peu.

De plus, les jeunes artistes lyriques d'aujourd'hui sont, pour la plupart, incroyablement préparés, formés, polyglottes, connectés, engagés, généreux, ouverts sur le monde et sur ses enjeux sociaux, environnementaux, politiques. Dans cette bataille pour que l'opéra existe encore dans quelques décennies, ils représentent un atout majeur, qui sera davantage renforcé avec plus d'ouverture et de diversité.

Le couple stratégique du metteur en scène et du chef d'orchestre

La dernière brique, et pas la moins essentielle, dans la réussite d'un projet lyrique, dépend de la constitution d'un couple harmonieux avec un chef d'orchestre et un metteur en scène capables de s'entendre. Dans leur rapport sur la réforme de l'opéra, Jean Vilar et Pierre Boulez, en 1967 déjà, préconisaient de tout faire partir de ce binôme-là.

L'alchimie, qui peut fonctionner dans tous les théâtres, du plus petit au plus grand, est délicate. Une forme de suprématie peut se jouer, d'autant plus que l'intervention de ces deux artistes est séquencée avant qu'ils se retrouvent pour les représentations : le metteur en scène – qui souvent ignore la musique – commence à travailler avec les artistes très longtemps avant que le chef ne les rencontre et, lorsque ce dernier arrive pour les répétitions, il peut estimer légitimement que son tour est venu sans que le metteur en scène ne puisse être trop intrusif. Surtout, les interactions sont innombrables : que le chœur soit à la face ou au lointain, voire en coulisses ou en fosse, et les équilibres sonores seront modifiés ; que le chef prenne une page sur un tempo plus ou moins rapide, refuse ou accepte des coupures dans la partition ou des silences plus ou moins longs entre des numéros, et la mise en scène sera impactée. Aussi, il vaut mieux que l'ordonnateur, le facilitateur, le donneur d'ordre, celui à qui appartient le *final cut* de ce drôle de spectacle qu'est l'opéra, c'est-à-dire le directeur ou le surintendant, ait organisé cette rencontre, que des lectures communes aient été mises sur pied, de manière que le chef adhère à la vision du metteur en scène et que celui-ci comprenne, pour sa part, ce que le chef veut proposer musicalement. Ce choix d'un binôme artistique est encore rare. Le chef Tugan Sokhiev le regrette : « Dans 90 % des théâtres, on choisit d'abord le metteur en scène et puis le chef d'orchestre. Voilà pourquoi on a si souvent l'impression d'assister à deux spectacles différents. » À l'inverse, le récit que Patrice Chéreau et Pierre Boulez ont donné de leur travail avant le Ring de Bayreuth en 1976 (*Histoire d'un « Ring »*), démontre une progression idéale, avec la construction en commun d'un projet et d'une lecture particulière. Boulez a multiplié ces expériences, par exemple avec Peter Stein pour *Pelléas et Mélisande* au Châtelet en 1992 ou pour *Moïse et Aaron* à Salzbourg. Stéphane Lissner a raconté en 2019 dans sa conférence au Collège de France « Pourquoi l'opéra ? » que, avant le *Wozzeck* d'Alban Berg au Châtelet, avec Daniel Barenboim et Patrice Chéreau, le metteur en scène avait travaillé toute une semaine, autour d'une table avec les chanteurs, pour de longues séances de lecture, de commentaire, d'approfondissement, sans qu'une note ne soit jamais chantée. Certains chanteurs s'étaient étonnés... mais le travail dramaturgique avait payé. À lire les propos de Boulez décrivant son travail sur le Ring, on comprend que son entente avec Patrice Chéreau ait été aussi intime : « J'ai été maintes fois accusé d'avoir totalement subordonné la musique au texte. J'estime ne pas l'avoir "subordonnée" mais je pense avoir donné au texte l'attention qu'il réclame et la place qu'il exige dans un drame musical : il doit avoir la mobilité, le rythme "naturel" d'un dialogue de théâtre. »

La plupart du temps, le premier choix se porte sur le metteur en scène, qui va, deux ou trois ans avant la première représentation, commencer à travailler sur le projet, le présenter pour validation avant de remettre la maquette des décors, idéalement un an avant la première.

Quel metteur en scène choisir ? Cette question n'a de sens et ne peut recevoir de réponse que par rapport au théâtre, au public, à l'œuvre, voire à l'équilibre au sein d'une saison entre les différents types de projets. La première condition paraît évidente : il faut que le metteur en scène ait quelque chose à dire, que l'œuvre lui parle et qu'il ait envie de partager ce qu'il a en lui, d'adresser une proposition au public. Il n'y a rien de pire qu'un metteur en scène qui, quelques jours avant le lever de rideau, avoue qu'il n'aime pas l'œuvre sur laquelle il est censé avoir travaillé pendant des mois, sinon des années[1].

Une fois cette première étape passée, celle de l'envie, un grand nombre de questions complexes se posent qui appellent des réponses très subjectives. Qu'est-ce qu'une mise en scène réussie ? Quelques principes peuvent aider à cerner la réponse.

Le premier principe devrait rassurer tous les apprentis metteurs en scène : il n'y a pas une et une seule façon de mettre en scène *Orphée et Eurydice*, *Boris Godounov* ou *Le Turc en Italie*. Mais il doit être clair que la fidélité au livret ou au compositeur – sous les quelques réserves indiquées précédemment quant au charcutage des œuvres – et le respect de la « tradition », pour employer un mot que certains *aficionados* brandissent aux entractes, n'existent pas ! La tradition n'est que « l'alluvion des habitudes » pour reprendre la belle expression de Pierre Boulez et il n'y a rien de plus relatif. Du reste, à quelle tradition se référer ? Celle d'il y a quarante, cinquante ou cent ans puisque, à l'évidence, ce ne sont pas les mêmes ? Ce qui choque en 2020 sera banalité en 2040 et ce phénomène se répète, génération après génération. Le fait de laisser le rideau ouvert pendant l'ouverture d'un opéra avait été jugé transgressif, autant que les pieds nus de Maria Callas à la fin du premier acte de *La Traviata* à la Scala en 1955 mise en scène par Luchino Visconti. La tradition d'aujourd'hui est la révolution d'hier ! Du reste, rien ne vieillit plus vite. Le Ring imaginé par Patrice Chéreau et Richard Peduzzi son décorateur a été vivement contesté par ceux qui regrettaient

---

1. Difficile à imaginer ? Et pourtant, c'est ce qu'avait indiqué Lluís Pasqual avant une *Donna del lago* de Rossini au Palais Garnier en 2010, ratée malgré de très grands chanteurs. Il n'avait rien à dire et cela se voyait. Beaucoup.

celui de Wieland et Wolfgang Wagner… eux-mêmes fortement contestés trente ans auparavant. Aujourd'hui, le Ring historique de l'équipe française ne provoquerait aucun débat car le goût, les références, les propositions vues à l'opéra mais aussi au théâtre, à l'opéra, au cinéma et dans les séries modifient en profondeur le regard du public et c'est heureux ! Il n'est pas difficile d'imaginer la réaction du public dans un petit nombre d'années, devant les échanges de SMS de Violetta et Alfredo projetés sur écran dans la mise en scène si juste de Simon Stone à l'Opéra de Paris. Ringard, ce sera ringard…

Libéré de la tradition, le metteur en scène a l'ardente obligation de proposer un regard d'aujourd'hui sur l'œuvre du passé. Si l'œuvre s'y prête, si l'équipe artistique entend d'abord mettre l'accent sur le plaisir vocal, si le public le demande, rien n'empêche de proposer une *Lucia di Lammermoor* entourée de kilts et un *Samson* très chevelu[1]. Mais il est incontestable qu'une œuvre composée il y a quelques décennies ou quelques siècles prend une couleur, une patine, une signification particulières, grâce à l'environnement du théâtre, à ce que le public vit avant et après la représentation, à ses préoccupations, à ses aspirations, à ses références. Des allusions parfaitement claires à la vie politique sous Louis-Philippe passeront complètement inaperçues du public du XXIe siècle et il serait dommage que le message du compositeur et de son librettiste ne puisse toucher sa cible du fait de cette patine qui rend la lecture incompréhensible. On attend alors du metteur en scène qu'il redonne ce relief à l'image passée.

Il est intéressant de relever qu'une telle mission incombe aussi à l'équipe musicale : qu'on le veuille ou non, y compris avec des instruments anciens, on ne joue pas aujourd'hui *Fidelio* comme Beethoven l'a entendu ! Question de puissance des instruments, d'acoustique dans les salles, de formation des musiciens. De la même façon qu'on ne déclame pas Corneille de la même manière que dans les années 1950, les

---

1. Au moins aux deux premiers actes…

artistes lyriques ont eux aussi fait évoluer leur technique et il suffit d'écouter quelques microsillons, même pas si anciens, pour s'en convaincre. Il en va de même d'un point de vue dramaturgique.

Cela ne signifie pas que la transposition spatio-temporelle contemporaine doive être systématique pour que la pièce nous parle. Le choix d'un *Rigoletto* Renaissance ou de *Huguenots* en pourpoints est évidemment possible, pourvu que le metteur en scène ait creusé le texte et le contexte et cherché autre chose qu'une simple mise en espace, qu'il ne se borne pas à mettre à la face les deux chanteurs dans un duo et qu'il se soit demandé pourquoi ils étaient là, ce à quoi pense celui qui ne chante pas, ce qui va se passer ensuite et les ressorts psychologiques de l'action. Patrice Chéreau l'expliquait très concrètement : « Depuis Wagner, nous avons compris que nous ne pouvons plus nous limiter à régler la position des artistes au centre de la scène pour qu'ils chantent leur air, comme en concert. Quand il y a une scène avec deux chanteurs, vous ne pouvez pas laisser une personne avec rien à faire tandis que l'autre chante au premier plan. C'est une relation entre deux personnes que vous avez à mettre en espace. C'est là que la direction d'acteurs commence. Je travaille avec les corps, avec des personnes dans un espace. » Nécessairement, kilt ou pas kilt, l'approche en sera modernisée car le metteur en scène n'est pas né en 1801 comme Salvatore Cammarano, le librettiste de Donizetti pour la *Lucia*. Pour poursuivre avec cet exemple, la place de la femme, le rôle du mariage et de la religion, la rivalité entre familles, la question de l'honneur n'ont à l'évidence pas le même sens aujourd'hui qu'il y a cent cinquante ans.

L'équipe artistique autour du metteur en scène a donc, en principe, pour mission de lire l'œuvre avec un regard d'aujourd'hui ce qui, au demeurant, n'implique pas nécessairement de transposition spatio-temporelle. Si ce regard n'existe pas, l'opéra devient un musée avec des œuvres figées et des artistes seulement chargés d'interpréter une partition.

L'émotion est à ce prix car l'opéra doit être théâtral et l'identification avec les personnages sur scène exige que la pièce nous
parle et nous touche. On peut – c'est mon cas, assez systématiquement ! – pleurer devant la mort de Mimi dans la mansarde
infâme de Rodolfo dans le Quartier latin. Mais cette mise en
scène par Graham Vick dans un squat contemporain pour
l'Opéra de Bologne en 2018 est tout aussi bouleversante,
comme la Butterfly située dans un haut lieu quelconque du
tourisme sexuel en Asie du Sud-Est. Qui est plus fidèle à la
pièce d'Illica et Giacosa ? Un metteur en scène qui dénonce
l'exploitation des corps ? ou une mise en espace simplement
japonisante et vidée de son venin ?

Il faut des metteurs en scène qui racontent des histoires,
sauf à reproduire à l'infini des images vues mille fois. Patrice
Chéreau revendique la volonté de s'inscrire dans les pas des
compositeurs : « Quand Mozart ou Wagner composait pour
des chanteurs, ils examinaient les problèmes de vérité psychologique et les situations psychologiques. Vous devez suivre
cette vérité. Mon rôle est de m'assurer que les spectateurs
peuvent s'identifier avec l'histoire qui se déroule sur scène, y
compris avec un chanteur qui interprète un air, même si on
ne s'exprime pas en chantant dans la vraie vie. »

À ces conditions, l'opéra peut espérer fonctionner, donner
des émotions musicales, vocales et théâtrales à nulles autres
comparables. Ce travail est un travail d'équipe, avec la beauté
de l'éphémère. En quelques semaines, des artistes, permanents
ou invités, des équipes techniques, qui ne se connaissent pas
pour la plupart, vont découvrir le projet du chef d'orchestre
et du metteur en scène, vont poser leur voix sur une partition,
leur tempérament et leur être sur des indications scéniques
dans la seule intention, le jour venu, de la première à la
dernière représentation, de rencontrer le public, mesurer l'effet
sur lui de ce travail collectif et se nourrir de ses réactions, de la
qualité de son écoute. Cette alchimie est une des réalisations
artistiques les plus difficiles que l'on puisse imaginer, mais
aussi une des plus sublimes. De telles réalisations justifient que

la puissance publique continue à soutenir le théâtre lyrique,
alors que les finances sortiront exsangues de la crise de la
Covid et que les électeurs et ceux qui les représentent ignorent
de plus en plus qui sont Giacomo Puccini et Alban Berg. À
ces conditions aussi, les mécènes pourront juger pertinent de
soutenir la création comme ils l'ont fait depuis quatre siècles.
Alors, une partie du public continuera de préférer l'opéra à
toute autre forme de spectacle et, même, trouver des billets
redeviendra difficile car les plus jeunes auront recommencé
à percevoir que cet art est simplement magique.

CODA

« Fini, c'est fini, ça va finir, peut-être, ça va peut-être finir. Ça va bientôt finir » sont les premiers mots de Clov, le serviteur de Hamm dans *Fin de partie*, l'opéra de György Kurtág créé en 2018 à la Scala de Milan. On aimerait qu'ils ne soient pas prémonitoires quant à l'avenir de l'art lyrique.

L'opéra est à la croisée des chemins et la crise de la Covid-19 ne fait qu'accélérer la nécessité d'une réaction et de la mise en œuvre de nouvelles politiques, au niveau des pouvoirs publics sans doute, mais, aussi et surtout, dans les maisons d'opéra elles-mêmes. De manière totalement subjective, les pages qui précèdent ne poursuivent qu'un objectif : provoquer un débat et, peut-être, une prise de conscience et un sursaut.

Cette bataille vaut la peine d'être menée et l'idée que les opéras ferment ou ne proposent plus que des comédies musicales améliorées paraît insupportable à tous ceux qui ont pleuré, ri, vibré, chanté, devant des spectacles lyriques, dans les plus grands opéras du monde comme dans les scènes d'opéra de région, dans le métro avec un casque sur les oreilles, au sommet d'une montagne face à la Méditerranée, ou lors d'une marche dans le désert. La mort de Werther, celle de Mimi, le Miserere du *Trouvère*, le final de *Guillaume Tell* et son hymne à la liberté, les pyrotechnies d'*Ermione*, la scène finale de *Dialogue des carmélites*, les adieux de Lohengrin, appartiennent à l'humanité autant que la chapelle Sixtine, les vitraux de Soulages à Conques ou *La Divine Comédie* de Dante.

Spectacle vivant depuis quatre siècles, l'opéra peut parler à tous car il parle de nous. De la vie et de la mort, de l'amour et de l'amitié, de la haine et de la trahison, de la foi et du fanatisme. Depuis les premières semaines de la vie de chacun jusqu'au dernier souffle, la musique, balbutiante ou sophistiquée, professionnelle ou artisanale, nous accompagne sans cesse. L'être humain a besoin de comprendre le monde et de le réenchanter. L'opéra peut continuer à l'y aider.

L'art lyrique a les moyens de poursuivre sa glorieuse histoire, pourvu que ceux qui le font vivre continuent à s'y engager sans compter, à faire évoluer les projets et la relation au public, dans le sens de l'ouverture, de la diversité, de la lutte contre les stéréotypes, de la modernité et, toujours, de l'excellence qui doit continuer à distinguer un spectacle lyrique. Pourvu aussi que les pouvoirs publics et les mécènes prennent encore davantage conscience du rôle social, politique, économique, diplomatique, de l'art lyrique partout dans le monde. L'art lyrique a la possibilité de redevenir ce qu'il n'aurait jamais dû cesser d'être : un art politique, un art populaire, un art pour notre temps. Le compte à rebours est lancé.

Le défi est ardu. Il doit être tenté. Et, peut-être, une nouvelle génération de directeurs d'opéra pourra dans quelques années faire sienne la formule prêtée à Mark Twain : « Ils ne savaient pas que c'était impossible, alors ils l'ont fait. »

Le Beausset-en-Provence
Août 2021

SÉLECTION BIBLIOGRAPHIQUE

Agid (Philippe), Tarondeau (Jean-Claude), *Le Management des opéras*, Descartes et Cie, 2011.

—, *L'Opéra de Paris. Gouverner une grande institution culturelle*, Vuibert, 2006.

André (Naomi), *Black Opera*, University of Illinois Press, 2018.

Attali (Jacques), *Bruits*, Fayard, 2001.

Bachler (Nikolaus), *Sprachen des Musiktheaters, Dialoge mit fünfzehn zeitgenössischen Regisseuren*, Schirmer/Mosel, 2021.

Baker (Evan), *From the Score to the Stage*, University of Chicago Press, 2013.

Barbedette (Sarah), Loyrette (Henri) (dir.), *L'Encyclopédie de l'Opéra de Paris*, RMN, 2019.

Barbéris (Isabelle) et Poirson (Martial), *L'Économie du spectacle vivant*, coll. Que sais-je ?, PUF, 2016.

Barbier (Patrick), *À l'Opéra au temps de Balzac et Rossini*, Hachette, 1987.

Beaussant (Philippe), *La Malscène*, Fayard, 2005.

Benzecry (Claudio), *The Opera Fanatic. Ethnography of an Obsession*, University of Chicago Press, 2014.

BING (Rudolf), *5 000 Nights at the Opera*, Doubleday, 1972.

—, *A Knight at the Opera*, Putnam's Sons, 1981.

BOCH (Julienne), *Les Sortilèges de l'opéra*, Transboréal, 2011.

BOULEZ (Pierre), CHÉREAU (Patrice), PEDUZZI (Richard) et SCHMIDT (Jacques), *Histoire d'un « Ring »*, Pluriel, 1981.

BOVIER-LAPIERRE (Bernard), *Opéras. Faut-il fermer les maisons de plaisir ?* Presses universitaires de Nancy, 1991.

CELLETTI (Rodolfo), *Histoire du bel canto*, Fayard, 1987.

CHARLE (Christophe), *Théâtres en capitales. Naissance de la société du spectacle à Paris, Berlin, Londres et Vienne, 1869-1914*, Albin Michel, 2008.

CLÉMENT (Catherine), *L'Opéra ou la Défaite des femmes*, Grasset, 1979.

Collectif, « Opéra et mise en scène », *Avant-Scène Opéra* (vol. 1 et 2).

DESHOULIÈRES (Christophe), *L'Opéra baroque et la scène moderne. Essai de synthèse dramatique*, Fayard, 2000.

ESPARZA (Lionel), *Le Génie des Modernes. La musique au défi du XXIe siècle*, Premières Loges, mars 2021.

FOCCROULLE (Bernard), *Faire vivre l'opéra*, Actes Sud, 2018.

GARBAN (Dominique), *Jacques Rouché. L'homme qui sauva l'Opéra de Paris*, Somogy, 2007.

GATTI-CASAZZA (Giulio), *Memories of the Opera*, Vienna House, 1973.

GIRON-PANEL (Caroline), SERRE (Solveig) et YON (Jean-Claude) (dir.), *Les Publics des scènes musicales en France*, Classiques Garnier, 2020.

GOSSETT (Philip), *Divas and Scholars. Performing Italian Opera*, University of Chicago Press, 2006.

JAMPOL (Joshua), *Living Opera*, Oxford University Press, 2010.

JOURDAA (Frédérique), *À l'Opéra aujourd'hui. De Garnier à Bastille*, Hachette, 2004.

KOESTENBAUM (Wayne), *Anatomie de la « folle lyrique »*, La rue musicale, 2019.

LACOMBE (Hervé), *Géographie de l'opéra au XXe siècle*, Fayard, 2007.

LEIBOWITZ (René), *Histoire de l'opéra*, Buchet/Chastel, 1957.

—, *Les Fantômes de l'opéra*, Gallimard, 1972.

LEIRIS (Michel), *Operratiques*, P.O.L., 1992.

LIEBERMANN (Rolf), *Actes et entractes*, Stock, 1980.

LISSNER (Stéphane), *Pourquoi l'opéra aujourd'hui ?* Papiers musique, 2019.

MARTIN (Serge), *Gérard Mortier. L'opéra réinventé*, Naïve, 2006.

MATTIOLI (Alberto), *Anche stasera*, Garzanti, 2012.

—, *Pazzo per l'opera*, Garzanti, 2020.

MEYER (Dominique), *Szenenwechsel Wiener Staatsoper*, Styria, 2010.

MOINDROT (Isabelle), *L'opéra seria ou le règne des castrats*, Fayard, 1993.

MORTIER (Gérard), *Dramaturgie d'une passion*, Christian Bourgois, 2009.

—, *Reflexiones sobre la ópera, el arte y la política. « In audatia veritas »*, Éd. Confluencias, 2015.

NIETZSCHE (Friedrich), *Le Cas Wagner*, Folio, 1991.

PETROCELLI (Paolo), *I teatri d'opera in Medio Oriente e Nord Africa*, Carocci, 2019.

PICARD (Timothée), *La Civilisation de l'opéra*, Fayard, 2016.

ROSSELLI (John), *The Opera Industry in Italy from Cimarosa to Verdi*, Cambridge University Press, 1984.

—, *Singers of Italian Opera*, Cambridge University Press, 1992.

SAINT PULGENT (Maryvonne de), *Le Syndrome de l'opéra*, Robert Laffont, 1991.

SAULNERON (Charlotte), *Les grands sujets d'actualité à l'opéra*, L'Harmattan, 2019.

SNOWMAN (Daniel), *The Gilded Stage*, Atlantic Books, 2010.

STAROBINSKI (Jean), *Les Enchanteresses*, Seuil, 2005.

SZENDY (Peter), *Écoute. Une histoire de nos oreilles*, Éd. de Minuit, 2001.

TOUZEIL-DIVINA (Mathieu) (dir.), *Entre opéra et droit*, LexisNexis, 2020.

VOLPE (Joseph), *The Toughest Show on Earth*, Knopf, 2006.

WALESON (Heidi), *Mad Scenes and Exit Arias, The Death of the New York City Opera and the Future of Opera in America*, Picador, 2018.

Mercé, diletti amici[1]

Un immense merci à ceux qui m'ont fait découvrir et aimer l'art lyrique, au premier rang desquels mes parents, Jean et Anne.

Je veux aussi exprimer ma reconnaissance toute particulière à Stéphane Lissner, aux côtés duquel j'ai tant appris.

Merci à Roman Abreu, Anne-Sophie Bach, Romain Laleix, Valérie Samuel, Patrizianna Sparacino-Thiellay mon épouse, et Benoît Thirion. Ils m'ont fait l'amitié de lire et de contribuer à améliorer les épreuves de ce texte à différents stades d'avancement. Je remercie Lucile Lebreton pour l'aide apportée dans certaines recherches documentaires et Antony Feeny qui m'a communiqué sa thèse de doctorat sur la soutenabilité financière des opéras et des orchestres.

Un très grand merci à mon ami Mariano Gilardon, inépuisable fournisseur de découvertes et de surprises bibliographiques, avec lequel les conversations et les échanges enflammés ont été une source d'enrichissement formidable.

Je remercie enfin Caroline Noirot, présidente du directoire des éditions Les Belles Lettres, qui a tout de suite cru à ce projet et qui l'a édité au plus beau sens du terme.

---

1. Tels sont les premiers mots d'Ernani à la deuxième scène de l'acte 1 de l'opéra éponyme de Verdi, que l'on peut traduire par : « Merci, mes chers amis. »

Table des matières

PROLOGUE : « *Opéraddict* »   17
Février 1978, une *Carmen* marseillaise...   17
Pourquoi l'opéra ?   27

ACTE I : Un miracle depuis quatre cents ans   41
L'opéra, de plus en plus ?   42
Une « vraie et grande industrie culturelle » mondialisée   47
La crise comme mode de fonctionnement   57

ACTE II : Des modèles économiques à bout de souffle   65
La Covid-19, accélérateur de péril   66
Baumol, pas mort   69
La maladie des coûts croissants   70
Vers une hyperbaumolisation   74
L'impossible « income gap »   82
Stagione ou répertoire ?   83
Le non-modèle économique de la sébile   86
Inquiétudes internationales   92
Cassandre américaine   93
Menaces sur l'Europe lyrique   96

ACTE III : Le choc culturel de la génération Z   101
Le poisson rouge à l'opéra   102
Les menaces de la *cancel culture* ou l'aporie du politiquement
correct   105
Plus de verts et plus de Verdi ?   113
Les ennemis de l'intérieur   116
Gardiens du temple ou fossoyeurs ?   117

Les spécialistes de la spécialité 119
Don Corleone à l'opéra 122
« Questa o quella » : #MeToo lyrique 125

ACTE IV : De lourdes hypothèques esthétiques 129
De Zazà à Zara, ou le risque de la standardisation 130
« Ridi, pagliaccio » : l'opéra et le cirque 136
L'opéra-musée vs. l'opéra-trash 140
Le metteur en scène, un créateur ? 141
L'opéra de grand-papa, un plus petit commun dénominateur
de courte vue 147
L'intellectualisme, triangle des Bermudes pour une élite
européenne. 149
Les défis de la création 153

ACTE V : « Il faut le sauver, il est temps » 159
Manager les opéras 160
Réduire les coûts ? 167
La folie des grandeurs ou le syndrome de la table rase direc-
toriale 167
Mutualiser, coproduire. 170
L'opéra low cost ? 172
Imaginer de nouvelles recettes 175
Enrichir « l'expérience spectateur » 177
La révolution digitale, à l'opéra aussi. 179
La valorisation de la magie des théâtres 182
Des opéras socialement responsables. 184
Pour des opéras durables 184
Des opéras exemplaires et ouverts sur les droits culturels. . . . 186
Désinhiber la relation à l'opéra 189
Aller vers le public 189
Enseigner à devenir spectateur ? 195
Pour un opéra politique, pour une politique de l'opéra 199
Les artistes au centre, vraiment 204
Parier sur les chanteurs 205
Le couple stratégique du metteur en scène et du chef
d'orchestre. 208

CODA 215

SÉLECTION BIBLIOGRAPHIQUE. 217

Mercé, diletti amici 221

Ce volume,
publié aux Éditions Les Belles Lettres,
a été achevé d'imprimer
en septembre 2021
sur les presses de la Nouvelle Imprimerie Laballery
58500 - Clamecy (France)

N° d'éditeur : 10003
N° d'imprimeur : 110530
Dépôt légal : octobre 2021

Imprimé en France